El daño que hacemos a nuestros hijos

Dr. Ernesto Lammoglia

El daño que hacemos a nuestros hijos

Grijalbo

EL DAÑO QUE HACEMOS A NUESTROS HIJOS

© 2004, Ernesto Lammoglia Ruiz

2a. reimpresión, 2005

D.R. 2005, Random House Mondadori, S.A. de C.V.
    Av. Homero núm. 544, Col. Chapultepec Morales,
    Del. Miguel Hidalgo, C.P. 11570, México, D.F.

www. randomhousemondadori.com.mx

ISBN 970-05-1729-2

Impreso en México / *Printed in Mexico*

A la doctora María Montessori,
con inmensa gratitud.

A mis hijos,
por sus enseñanzas.

A mis padres
por sus ausencias,
sus equivocaciones,
sus omisiones
y su respeto.

Índice

9

Agradecimientos

Antes que nada, quiero agradecer a todos los hombres y mujeres que con sus cartas y sus llamadas telefónicas al programa de radio han mostrado un gran interés en el tema del que trata este libro. Gracias a las experiencias de vida que niños, jóvenes y adultos de ambos sexos han compartido con nosotros durante estos años, es que podemos apreciar la realidad de la vida cotidiana en los hogares mexicanos.

A todas aquellas personas que amablemente han aceptado compartir la cabina de radio con nosotros para compartir sus conocimientos y experiencias.

A quienes amablemente colaboraron brindando sus testimonios.

A mis tres hijos que me enseñaron la maravilla que son los niños.

A mis colaboradores cercanos, Aurora González Azuara, Martita Avendaño, Karina Moreno y todo el equipo de organización Radio Fórmula, quienes hacen posible que nos comuniquemos a diario con usted.

A Concepción Latapí y Brenda Escobedo por su trabajo editorial.

Muchas gracias

Introducción

Hace unos días, en la estación de radio donde presto mis servicios, presentamos al aire el libro *Los diez engaños al pueblo de México* del doctor Mauro Rodríguez, autor de infinidad de libros sobre la conducta. Le pregunté por qué diez engaños nada más, y él contestó que, como todo mundo sabe, son decenas o cientos los engaños que el pueblo de México ha padecido, pero sólo se habían seleccionado diez para este libro por razones de espacio, para interés del público y por ser más práctico.

Esto me recordó que, cuando la Editorial Grijalbo me sugirió la posibilidad de escribir sobre la forma en que los padres dañamos a nuestros hijos, me planteé la cuestión de qué fallas o daños hablamos, porque a un hijo se le puede dañar de mil maneras. Una de ellas, quizá la primera, es no planear el embarazo y, peor aún, no saber por qué nos sentimos en la disposición o en la necesidad de buscar la concepción que tendrá como consecuencia el nacimiento, nueve meses más tarde, de un bebé. Tengo fundamentos para creer que, a la mayor parte de los futuros padres, nos habría hecho falta una buena calidad de información y la preparación para saber cómo se hace un proyecto de vida, y dónde y para qué se incluye en él la paternidad o la maternidad.

La infancia en la antigüedad

La sentencia bíblica de "Creced y reproducíros" debe haberles sonado bien a aquellos judíos precristianos que, creyendo en otros aforismos y pensamientos acerca de la familia en el contexto de las grandes culturas de los inicios de la humanidad, supusieron que ésa era la solución para muchos problemas de carácter político y social. ¿A qué me refiero? Pues a que en ese entonces, en la economía del autoconsumo, requerían de mayor número de brazos que trabajaran la tierra para hacerla producir, por lo que entonces tener un hijo era sinónimo de tener un labriego, un trabajador, un jornalero al cual no se le debía pagar. Por otra parte, como grupo, ya no como familia, primero los clanes, luego las comunidades y por último las incipientes naciones, necesitaban más brazos para la guerra, la defensa o el ataque. Es decir, tener hijos era una forma de "hacer patria", como nos enseñaron hasta mediados de la década de 1950 en este país.

Cuando se pensaba en tener hijas, indudablemente el motivo era la procreación, la prolongación de la estirpe o incluso en lo que pudiese haberse considerado entonces como el legado familiar, con todo lo que eso significaba. No importaba ser padre o madre en el sentido individual o en el sentido de pareja. Tener hijos fue, durante siglos, una necesidad histórica, social y económica. La procreación se encontraba muy limitada en los primeros años de la humanidad por la supervivencia de los menores. La pésima alimentación y la consecuente desnutrición de las madres hacía que se perdieran, en los primeros días o semanas de vida, la mayor parte de los hijos que nacían. En infinidad de ocasiones esta muerte infantil era seguida por la muerte de la madre por una fiebre puerperal (infección que se da durante el periodo transcurrido desde el momento del parto hasta que la mujer recupera su estado ordinario) o por infecciones a causa de la falta de

14

higiene durante el parto, lo cual le costaba la vida a millones de mujeres. Entonces, la procreación constante también se hacía necesaria para suplir a aquellos que habían muerto. Sobrevivían sólo los más fuertes, pues la sabia naturaleza únicamente permitía la supervivencia del mejor.

En la antigüedad, nadie, creo yo, pensaba en los abortos provocados, en la interrupción del embarazo y, mucho menos, en tratar de evitarlo. No hacía falta porque el control de la natalidad, si podemos llamarlo así, estaba en manos de las fuerzas naturales. Los niños crecían en grupo y podemos decir que, al estilo de los hippies de los años de 1970, eran hijos de la comunidad. Por tanto, el daño o el beneficio de la formación o el entrenamiento de estos chiquillos —como diría ahora el presidente— estaba casi en manos del azar.

Los que habían logrado superar el trauma del parto, la lactancia, las enfermedades de la infancia, la vida en la desprotección, la falta de los nutrimentos adecuados y las inclemencias de la naturaleza podrían sobrevivir perfectamente bien a cualquier otro daño que la conducta de los demás provocara sobre ellos. Cientos o miles de niños se deben haber preguntado quizás en el clan, en la tribu o en la pequeña comunidad: "¿quién es mi papá?", "¿qué soy yo de estos niños que viven conmigo?" o "¿qué soy para los demás?", antes de que se señalara la importancia de las jerarquías y las dinastías que conformaron —y conforman— la necesidad social de establecer reglamentos y normas de lo que debe de haber sido la primera familia.

Creo, y ustedes lo han de saber mejor, que no se pensaba en la educación formal, no había que enseñar a los hijos a obedecer por reglas disciplinarias, horarios o estilos de vida, pues el clan mismo las dictaba y el grupo respondía estrictamente a las necesidades de supervivencia. Por años, lustros, centurias, quizá nadie, de acuerdo con la razón o la interpretación correcta de la realidad, se debe de haber preocupado de si "dañaba" o no a sus hijos, o si éstos se "traumaban" ante las exigencias vitales.

Cristo también fue niño

En algunos relatos bíblicos del Génesis se da más importancia a la relación entre hermanos —ahí está el mito de Caín y Abel— que a aquélla entre padres e hijos. Pero si bien los hijos de Noé lo contemplan borracho, aparentemente eso no influye en sus vidas. Por otra parte, como yo lo veo, tampoco influyó en la humanidad lo que yo llamo la tan inútil explicación del incesto entre Caín y Eva (la única mujer existente en ese entonces según el Génesis por lo que tuvo que ser también la madre de sus hijos), que creo que se creó para de alguna manera hacer "creíble" el inicio traumático de la humanidad. Imagínese nada más que según eso la humanidad sería producto del acto sexual entre un asesino de su propio hermano (Caín) y Eva, su madre, que desde mi perspectiva significa que se prostituye o abusa de su hijo en un incesto real. Esto es precisamente un acto delictivo, del que provienen aquellos que creen en esas patrañas.

En la medida en que aparecen los relatos bíblicos posteriores al Génesis, se advierten otras formas de incesto. Algunas de los padres hacia los hijos y las hijas, que pueden entreverse en el Antiguo Testamento, en donde las virtudes y los principios inculcados al pueblo judío eran mensajes y razones desechables, como lo siguen siendo hasta el día de hoy las diatribas o los consejos con los que pretendemos "educar" a nuestros hijos. Lo mismo en las conductas sexuales de las hijas de Lot, de Abraham, de David y en las relaciones extraconyugales del rey Salomón; hijos iban y venían. Lo único que era importante para las tribus de Israel era procrear sin medida ni control a aquellos que deberían trabajar las difíciles tierras en que les tocó nacer y tener suficientes brazos guerreros para defender su territorio, clan o ideología. Ya en el Nuevo Testamento debe de haber sucedido algo, porque, a pesar de los dos padres reconocidos de Jesús: José y el Espíritu

Santo, y de una madre primigesta, dedicada al hogar, obediente y casi seguramente abnegada, creció un niño que se rebeló contra las costumbres de los fariseos y saduceos que le habían sido inculcadas quizá desde muy temprana edad. No quiso ser carpintero como su papá y decidió alejarse del hogar materno a los 12 años, no sabemos si a buscar su experiencia vital como joven adulto —pues a esa edad ya lo era, antes aún de celebrar su Bar Mitzvah—, o para no seguir el camino que le trazaron su padre, anciano entonces, y su joven madre. La Biblia tradicional oculta —no sabemos por qué— el nacimiento de otros hijos de María, hermanos o medios hermanos de Jesús. No lo sabemos porque ignoramos si éstos sí fueron hijos de José, o si también la palomita blanca hizo de las suyas en otras tantas ocasiones.

¿Cómo crecieron estos niños con un padre carpintero e ignorante y una mamá joven y bonita? No lo sabemos, pues los evangelios apócrifos no son accesibles para ustedes ni para nosotros, pero ahí tenemos un buen ejemplo de la Sagrada Familia en donde el hijo mayor, el primogénito, se sale de su casa a los 12 años de edad. Entonces estudia y trabaja. No sabemos en qué trabajó, pero sí sabemos o creemos saber, según el Nuevo Testamento, que anduvo por ahí aprendiendo cómo cuestionar las enseñanzas de los maestros de su época hasta convertirse en un rebelde, revolucionario ilustrado que mucho cambió, dicen los que creen, la historia de Israel y posteriormente del mundo occidental.

Podemos imaginarnos a un niño, un jovencito de 12 años con valor, con una buena autoestima, inquieto, curioso, lleno de fantasías y expectativas, seguramente con un buen manejo emocional de sus miedos, acometedor, agresivo en el buen sentido de la palabra, que sabía escuchar pero también hablar. Responsable, no sabemos si también de su sexualidad incipiente, pero que supo lidiar con la separación de sus padres y con otros momentos traumáticos que seguramente enfrentó y que, al parecer, se manifiesta como un joven adulto congruente, coherente con sus necesidades de cambio —éste sí un cambio real, no el cambio que todos ustedes esperaron en el 2000 y que nunca llegó. Un jovencito que probablemente no sufrió golpes, maltrato físico o emocional ni abusos, que supo responder con violencia cuando los mercaderes del templo se opusieron a su exigencia de respetar las leyes y ordenamientos que decían obedecer. El jovencito que no vivió con sus padres los últimos años de su vida, que luchó por sus ideales, los difundió y dicen que murió por ellos.

Sabemos que el peso de la paternidad biológica y funcional hace dos mil años no era lo suficientemente importante o definitivo para la educación de los hijos, y que prevalecían los instintos de supervivencia o de conservación, las razones egoístas o individuales, las convicciones personales y todo lo que sigue siendo importante para la formación del niño y del joven, muy por encima de las decisiones de ambos padres. Y esto no cambió por siglos. Lo que vivió Jesús de niño en la carpintería y en su casa es lo mismo que vivieron seguramente millones de otros niños de la antigüedad que dejaron el cultivo del trigo, del maíz o del arroz para ir a buscar sus propias vidas. Millones que embarazaron a una jovencita cuando ellos tenían 14 o 15 años y ellas 12, que construyeron sus viviendas a su real saber y entender, y que se separaron de los padres en un acto tan natural como el día de hoy se separan los polluelos de las aves adultas o los cachorros de los mamíferos de más de dos o tres años y que cumplen con esa ley natural de buscar vivir por sus propios medios.

La evolución de la paternidad

En otros tiempos, los padres simplemente eran dejados atrás. Recordemos que las ceremonias de iniciación a la adultez que

18

se han llevado a cabo en tantas culturas como las del mundo prehispánico, se celebraban alrededor de los 13 años en los varones y a la llegada de la menstruación y la vida fértil en las jóvenes. A esa edad dejaban a los padres, por tanto la posibilidad de que una pareja de padres dañara a sus hijos no era tan larga. Se limitaba a unos cuantos años. Además, el trabajo en común quizá limaba mucho de las asperezas que pudiera haber en el trato entre padres e hijos. Se tenía una convivencia que, para infortunio de la humanidad, actualmente se da en el mundo occidental solamente en los momentos o en los actos de ocio. Si el trato se da en la vida productiva al labrar la tierra, al trabajar en la empresa familiar, al convivir en la lucha cotidiana por la supervivencia, probablemente no alcanza el tiempo para pensar en imponerse o en controlar, en entrenar o en mal educar. Ya en la documentación en lengua mexicana que recogieron los mismos naturales de esta tierra, y que fue recopilada y escrita por fray Bernardino de Sahagún en la *Historia general de las cosas de la Nueva España*, se habla de la enseñanza de padres a hijos para empezar y llevar una vida propia. Por ejemplo, cuando una criatura nacía, se le halagaba. Pero a los padres, en especial a la madre, se les hablaba de la independencia de la mamá que la nueva criatura debía tener:

> Hija mía, habéis sufrido trabajo en parir a nuestro hijo que es amable como una pluma rica o piedra preciosa; hasta ahora érades uno, vos y vuestra criatura, ahora ya sois dos distintos. Cada uno ha de vivir por sí, y cada uno ha de morir por sí, por ventura gozaremos y lograremos algún tiempo a vuestro hijo y lo tendremos como sartal de piedras preciosas (p. 251.)

La función de los padres y los hijos, según vemos en estos documentos, era clara y sencilla. A los niños o jóvenes el gran señor —su padre— les hablaba una vez de sus obligaciones y sus responsabilidades como trabajar la tierra, conseguir de comer y beber, no deshonrar a la familia con malas conductas y ser gloriosos en la guerra para defender a su grupo. A las niñas, por otro lado, les enseñaban, también por medio de pláticas y ceremonias, que tenían la función de generación o de procreación, a no perder a los hijos por culpa propia, a ser limpias y a no deshonrar a la familia hablando mal ni teniendo maldad para con los demás.

Desafortunadamente, con el tiempo y la Revolución industrial, ya a partir del siglo XIX empieza a cambiar la conformación de las familias en el mundo. Esta familia nuclear de padres e hijos que trabajan sembrando papas, cosechando maíz, labrando la tierra para sembrar trigo, recolectando arroz, trabajando en una pequeña tienda, arriando ganado, transportando mercancías o en la pesca, se encuentra con que el padre se va a trabajar a las fábricas trastocándose con esto el orden natural de la familia nuclear, que queda a cargo de una mujer trabajadora, con una doble jornada de trabajo no remunerado, la formación y la educación de los niños y las niñas. La vida, repito, se veía de una forma más sencilla y natural:

> Nuestro señor nos dio la risa, y el sueño, y el comer y el beber con que nos criamos y vivimos, dionos también el oficio de la generación, con que nos multiplicamos en el mundo; todas estas cosas dan algún contento a nuestra vida por poco espacio (p. 346.)

Hasta aquí creo, que a pesar de la ignorancia, el desconocimiento o el analfabetismo, la falta de recursos y la mínima comunicación, las familias funcionaban. Viene este pequeño trastocamiento, que después veremos que es muy severo y muy grave, en el que los padres emigran hacia la industria, hacia las fábricas, y la madre se queda como cabeza de familia, pero tiene que seguir arando la tierra, cultivando, amamantando, cumpliendo con algunas funciones y se convierte en una pequeña empresaria que maneja la em-

20

presa familiar. Los hijos empiezan a mostrar una cierta anarquía al perderse el equilibrio del poder entre la madre y el padre. La autoridad y el poder son cosas que, dicen, no se comparten, pero en el caso de la familia debería ser exactamente al revés, como fue durante siglos: un poder y una autoridad compartidos que nos enseñan a vivir en una democracia familiar donde todos trabajan, producen, disfrutan y carecen en igual proporción. Cuando ésta desaparece, desaparece la posibilidad real de tener democracia, como lo estamos viviendo en la actualidad en el país porque hay una autoridad tutelar y una falta de concepción correcta de los límites, de los reglamentos y del uso real de esa autoridad.

Es hasta finales del siglo XIX que empieza a aparecer, quizá, la preocupación de algunos por la educación de los hijos. Y se piensa en ésta sin haber pensado, como la lógica lo indicaba, en educar primero a los padres para luego hacerlo con los hijos. Entonces se adoptan algunas de las pautas de jerarquía y del poder de la supervivencia natural, que se tratan de aplicar, en la medida de lo posible, a hijos cuyas expectativas ya no son el bienestar común, por lo que el trabajo termina siendo una cuestión individualista, ahora sí egoísta, egocéntrica e inmediatista.

Cambian los valores con la Revolución industrial y surgen el gran capital y el concepto de división del trabajo. Aparece el trabajador o asalariado y con esto cambian muchos de los aspectos y de la perspectiva de cómo educar a un hijo y, sobre todo, de para qué lo educamos. ¿Lo educamos para tener poder o tener propiedad?, o ¿para ser un empleado que trabaje bajo la autoridad de otros? Y aquí es donde empieza también una división en la que los padres, de alguna manera son "el capital", y los hijos son el "proletariado". Empieza a darse una división social dentro de las familias. Se termina la verdadera democracia intrafamiliar y empieza el autoritarismo. El señor que trabaja en la fábrica exige además un horario y algo que no existía hasta entonces: descanso, vacaciones y gratificaciones dentro de las cuales está el "Cuando llegue a la casa, nadie me debe molestar porque vengo cansado, porque ya trabajé y la educación es cosa de mujeres". Ese egoísmo del trabajador que tiene la remuneración y consecuentemente representa "el capital", por precario que éste sea, impone normas a los hijos que hasta entonces no se conocían: los varones tienen costumbres y derecho a trabajar menos, tienen derecho a trabajar una sola jornada y después a descansar, lo cual no es un derecho femenino. Y, claro, esta división social del trabajo implica otras inequidades.

En la época contemporánea, pasar de este proceso de cambio radical en la evolución de la conducta humana en forma espontánea, natural, de manera tal que el apego a las necesidades fue siempre superior al de las normas y las reglas establecidas, hace que sobrevenga el desconcierto y el desconocimiento de millones en esta necesidad de cambiar obligadamente la interacción, la autoridad y el poder entre los hijos y los padres. Los padres dejan de ser guías a través del ejemplo de la experiencia de vida, para convertirse en los "teóricos de la enseñanza". Creo que debemos detenernos de nueva cuenta en el proceso de cambio que sufre el hombre, sobre todo el varón, en tiempos de la Revolución industrial, porque ya sujeto —en todo el significado de la palabra— a las decisiones del empresario, del fabricante y del capataz, el varón se encuentra por primera vez sometido a una autoridad que depende del proceso económico y de las demandas de producción para regir la intensidad del trabajo que se requiere para producir.

Es decir, por primera vez el hombre aprende de la autoridad de otro igual a él. El que hasta el siglo XIX se creyera en la autoridad del todopoderoso, del gobernante, del rey, del jerarca religioso, era una idea que tenía que ver también con una cultura ancestral del poder divino. Entonces, para el adulto obedecer era simplemente una manera de aceptar esta pirámide del poderoso, pero cuando se enfrenta como obrero en el trabajo de las fábricas a otro igual a él, un proletario, un trabajador en idénticas condiciones (pues la autoridad y el poder a veces no se ganaban por eficiencia sino por otras razones, de sometimiento quizás) el varón se encuentra por primera vez ante la experiencia de tener que obedecer sin chistar a otro igual a él. El capataz, el cabo de los obreros o de la cuadrilla, el caporal, son individuos que nacieron en el mismo pesebre que él, y consecuentemente tiene que hacer a un lado toda su capacidad de decisión para someterse. Enojado quizás, o incómodo, por esta nueva forma de convivencia, el ser humano, sobre todo el varón, va a volver con su familia para intentar imponer sus reglas de autoridad y poder para el sometimiento de los demás miembros de lo que fue el clan familiar.

El mismo desconcierto que supone en el obrero o el trabajador agrícola ser "gobernado" por sus iguales debe de haber supuesto el hecho de que él, que hasta entonces había tenido las mismas obligaciones y derechos que los hijos mayores o que la madre en este clan, sea visto ya no como otro más, sino como el autoritario o el líder impuesto al que hay que someter todo lo que pase en la familia. De aquí surge la rebeldía de la esposa y de los hijos. Quizá la pregunta en la mente de millones de mujeres a finales del siglo era: "¿Por qué no tengo los mismos derechos que mi esposo si trabajo más que él, si lo que yo hago tiene más valor moral que lo que él hace y además lo hago sin remuneración económica?" Las mujeres tienen que haberse percatado de que un individuo trabajaba diez o 14 horas en una fábrica y eso era reconocible, tenía el mérito de recibir una paga a cambio y, lo que decía en párrafos anteriores, además gozaba del derecho al descanso (y posteriormente de vacaciones remuneradas).

Esto empieza a establecer los verdaderos términos de inequidad que ahora preocupan tanto a los estudiosos de los problemas de género. Ahí empieza realmente esta inequidad y los hijos —los varones, los mayores o los pensantes— no quieren reproducir el

23

esquema vertical de decisiones que hacen de ésta una lucha cotidiana, social. "Por qué tengo que obedecer a mi papá si yo nunca lo veo, si lo que él hace no repercute sobre mi formación, si no sabe lo que quiero, lo que pienso, lo que soy." Pudiera ser que algunos hijos pensaran incluso: "Mi mamá me entiende más que mi papá, me quiere más que él, trabaja más que él, ¿por qué entonces se tiene que callar la boca y su opinión, su educación y su formación no cuentan?"

Así empieza a recuperarse el sentido de la cultura misógina, separatista y de inequidad, es decir la falta de igualdad y oportunidades en la educación y en la conducta. Empiezan las órdenes y la obediencia, las expectativas exageradas, la exigencia de perfección, el impulso hacia la autoridad y la búsqueda de sexo, poder y dinero. Y, como en todo principio de autoridad, empiezan también los castigos, los maltratos emocionales, los golpes físicos y el miedo, que es el peor de los carceleros. Empiezan además los dobles mensajes, el doble lenguaje donde se habla de amor y se actúa con odio, donde se habla de obediencia y se carece de una adecuada manera de impulsar la autoridad, donde detrás de cada mensaje que pretende ser de cordialidad hay muchas veces agresividad. Pero, sobre todo, aparece el fenómeno más triste del siglo XX: el que los hijos contemplen a una madre sometida, que trabaja 12, 15 o 18 horas, y a un padre que exige totalmente que no se hable, no se piense, no se opine.

Esta división social afecta necesariamente la formación de los niños que están todos los días con una madre a la que dicen querer y obedecer; que nunca ven al padre, que es quien finalmente otorga permisos, da facultades, establece sentencias e impone los castigos. No se puede aprender o iniciar un aprendizaje saludable cuando en la familia se trastoca el orden democrático y empieza la verdadera guerra de clases y la inequidad entre géneros.

Es aquí donde empieza, repito, lo que queremos decir cuando hablamos de cómo dañamos a nuestros hijos. Entender la rebeldía de los niños y los adolescentes frente a este fenómeno tiene que hacerse simplemente mediante ese análisis de los cambios de rol en cuanto a los límites, la toma de decisiones, la autoridad y el poder, y la productividad dentro del esquema familiar. Surgirá entonces, necesariamente, el autoritarismo.

"Porque lo ordeno yo" sería probablemente la respuesta más frecuente que encuentran los niños en las primeras décadas del siglo XX. "Es que soy tu padre, cállate, obedece sin chistar o haz lo que digan tus maestros", pudiera ser la forma tradicional de educar. "Pregúntale a tu mamá, lo que diga tu madre", son formas de desplazamiento de la responsabilidad que en poco o en nada ocultan el autoritarismo machista de las primeras décadas del siglo XX. Obviamente, como consecuencia de esa fuerza está la oposición de los niños y los jóvenes a todo esto.

¿Nuevas formas de educar?

El modelo de educación tradicional, impuesto por las escuelas suiza y alemana, llega a México a finales del siglo XIX y los primeros grandes educadores que permanecen en el país, como los positivistas Enrique Laubscher y Enrique Rebsamen, y otras escuelas imponen el modelo tradicional de educación vertical en la que, obviamente, lo que el maestro enseñanza es la ley para los alumnos. Esta condición de autoritarismo repite en la escuela las condiciones de autoritarismo y verticalidad que existe en la formación del criterio y la manera de pensar y actuar de los jóvenes.

Pero ya para 1900, una médica investigadora italiana, María Montessori, había encontrado la posibilidad de aprender de la conducta de los niños para saber qué hacer con ellos. Es quizá la primera autoridad pedagógica que investiga qué quieren los niños para actuar en consecuencia. De estas observaciones hechas por años surge una idea pedagógica y de enseñanza para la convivencia familiar, donde la figura del niño es más importante que los pensamientos y las acciones de los padres. Es el niño, como un libro abierto, el que va enseñando todos los días las diferencias de necesidad y de acción que va teniendo. El desarrollo acelerado de las habilidades, las virtudes, las capacidades de los niños, va obligando a los guías o los maestros a ir cambiando al mismo tiempo que el menor. Entonces, la formación de un niño, en esta novedosa escuela de principios del siglo xx, va cambiando la idea de muchos educadores respecto a las virtudes de la observancia de los niños como punto de partida para la educación y no al revés, como se hace todavía en el método tradicional, donde el niño y el joven se tienen que adecuar forzadamente a la forma en la que los adultos deciden que debe ser educado.

Las corrientes psicologistas posteriores a las teorías freudianas pugnan, sobre todo en Estados Unidos y en Inglaterra, por un extremo de libertad hacia algunos aspectos de la formación de los niños, con el objetivo de no "traumarlos", lo que, traducido al sentido común, es un falso intento por evitar que el niño tenga y viva los miedos naturales a que está expuesto y cree sus propias respuestas ante esa emoción y esos sentimientos. En estos casos, el niño termina por estar encapsulado en una burbuja de protección que le impide sufrir, restándole así el desarrollo de sus instintos, sobre todo el de conservación, y de sus habilidades para enfrentarse a las circunstancias cambiantes de la vida. No traumar o no angustiar a un niño significa quitarle la oportunidad de sufrir y de crecer, restarle la posibilidad de decidir, pero, sobre todo, le impide crearse las defensas emocionales y hasta orgánicas para enfrentar la realidad. Estas escuelas de aparente libertad —me refiero a estas últimas, no a las de Montessori— culminan en un proyecto

26

escolar y educacional en Gran Bretaña a partir de una obra llamada *Summer Hill: A New View of Childhood,* de A. S. Neil, que obviamente está condenada al fracaso y que determinó cambios brutales en la concepción de la relación *entre padres e hijos.*

Otros intentos "novedosos" en México a finales de la década de 1960 y en la de 1970 consistieron en las llamadas escuelas activas que tenían como base la educación de Paulo Freire, cuyo punto de partida era la experiencia vivida en una escuela en San Andrés Tuxtla, Veracruz, el director y promotor de la cual fue el maestro Patricio Redondo. Estas escuelas se hacen extensivas rápidamente por algunos de los grupos culturales y contraculturales de la ciudad de México. Artistas y profesionales de la ciencia de la conducta se enamoran de estas teorías y las ponen en práctica con resultados que el día de hoy apenas empiezan a ser valorados. Todos los psiquiatras y los psicoterapeutas hemos tenido en nuestros consultorios a hombres y mujeres adultos que pasaron su infancia precisamente en estas escuelas activas. Así, entre la escuela tradicional impositiva, las teorías de María Montessori y las escuelas activas, oscila la educación formal de niños y jóvenes mexicanos como un modelo de educación que se opone, ya no a la escuela tradicional sino a la ultraconservadora que predomina hasta el día de hoy en la enseñanza de las escuelas confesionales o religiosas del país.

A la maravillosa acción educadora de los jesuitas, y posteriormente de los maristas y lasallistas, se impone el modelo ultraconservador del Opus Dei y de los Legionarios de Cristo. El día de hoy las enseñanzas de carácter tradicional y conservador se imponen en los núcleos de las elites de la nación para crear en los niños y los jóvenes una idea perversa de la superioridad de clase y del poder económico que divide a los mexicanos en buenos y bonitos, y otros, ya no indios pero sí malos, prietos y nacos. Y entre estos dos extremos, están las clases medias y las clases un cuarto, que pugnan por imitar o afiliarse a algunos de los modelos de la dicotomía en la que sobreviven los padres con el afán de educar a sus hijos a la manera tradicional pero, paradójicamente, con la idea de ser "actuales" o "modernos" en sus concepciones pedagógicas.

Paralelamente, a principios de la década de 1960, en Inglaterra se acuña por primera vez, con una connotación social, el término *adolescente*. Esta concepción, que no existió entre los estudiosos tradicionales o clásicos de la conducta, empieza a imponerse en el Reino Unido, en Europa occidental, y trasciende las fronteras. Llega a Estados Unidos y a México después de la primera mitad de los años de 1960, para resolver una preocupación, sobre todo en el nivel de los profesionales de las ciencias de la conducta, que ignorábamos todo lo concerniente a qué hacer con los jóvenes que rompían los cánones y las normas establecidas presentando conductas "rebeldes", contraculturales y liberales en el sentido clásico del término.

Los padres de la generación de los jóvenes de 1960 nunca fueron adolescentes, fueron jóvenes nada más, a secas. Estudiantes, trabajadores, sin oficio ni beneficio, pero simplemente jóvenes. Cuando se casaron y procrearon seguían siendo jóvenes, aunque jóvenes adultos, pero nunca escucharon ni para ellos ni para nadie el término *adolescente*. Fue hasta que sus hijos tuvieron 15, 17 o 20 años que empezaron, con sorpresa, a tratar de identificar este nuevo término. Y sí costó trabajo adecuarse a la nueva palabra de esta etapa, pues no existió naturalmente. Se hablaba de la edad de la lactancia, de la primera infancia, de la edad escolar, de la pubertad y de la juventud antes de la adultez y, de repente, había que encasillar a un grupo muy numeroso de connacionales bajo esa premisa de que "adolecían" o crecían rápidamente. En este aparente caos semántico, semiótico y de formación nadan en aguas peligrosas miles de parejas frente a sus hijos el día de hoy. Convir-

28

tiéndose acaso con el tiempo en expertos en saber qué no hacer, pues pocos son los padres que el día de hoy aceptan saber qué hacer cuando de educar o de formar a un hijo se trata.

Resulta, además, que a principios del tercer milenio la adolescencia de los años de 1960, esto es, de las últimas cuatro décadas del siglo xx, ya no es lo que fue. Ahora son los 11 o 12 años de edad apenas el inicio de la pubertad (que viene de pubis), con la aparición del vello pubiano y los caracteres sexuales secundarios en los niños a partir de los cambios físicos, hormonales y mentales. Y resulta que ya no hay pubertos o púberes sino adolescentes, con las características de anomia social. Anomia es la falta de normas de comportamiento o, cuando menos, de normas aplicables a la comunidad o a un grupo social. Tenemos que inventar, reinventar o buscar, escudriñar en el pasado reciente qué hicieron muchos padres para que el día de hoy, usted y yo, pudiéramos ser entes socialmente aceptados o aceptables, con la posibilidad de convivir más o menos en paz y en armonía con los demás. Y si acaso agregamos un pilón, ser productivos.

La confusión que reinaba en la década de 1960, hoy en día es desesperación ante el hecho de no adecuar nuestra experiencia personal, nuestras vivencias, a la realidad que exige la conducta en nuestros hijos. Lo que yo aprendí que era bueno para mí ha dejado de serlo para mis hijos. Tengo entonces que retomar lo que fue bueno para mis padres o mis abuelos y mi formación para intentar aplicarlo de nueva cuenta. Regresar a la historia, a los hechos históricos y a las condiciones sociales que determinaron mi vida para tratar de entender qué fue, en la práctica, lo que me hizo vivir socialmente mejor, y qué fue también, en esa práctica diaria de la educación informal, aquello que no me sirvió para nada o me perjudicó. Estamos en la actualidad ante ese dilema de sólo saber qué no hacer pero ignorar qué hacer.

29

Este libro pretende retomar algunas experiencias del pasado reciente inmediato y cuestionarlas, aprobarlas o aprender de ellas, en particular cuando son maravillosamente fallidas, para sacar provecho de aquello en lo que nos equivocamos o que no hicimos tan bien como creíamos. Y quizá tratar de aprender también, o reaprender, algunos de los principales conceptos que alguien que seguramente nos quería nos trató de inculcar. A veces con palabras, las más de las veces con hechos. Si usted tuvo la virtud de tener un padre o una madre cuyo ejemplo, en lo bueno y en lo malo, determinó lo que usted es el día de hoy, quizá podrá aceptar —como yo lo acepto, y lo digo con la frecuencia necesaria— que tiene que partir de un apotegma que debería ser la introducción para todo libro que pretenda de alguna manera orientar en la educación de padres e hijos, y que dice simplemente:

"Todo lo que yo haga por un hijo mío, él lo va a dejar de hacer, incluyendo pensar."

Si nosotros le concedemos la oportunidad a los hijos de enseñarnos quiénes son, qué piensan, qué sienten y qué quieren, y permanecemos en silencio y respetuosos de ese modelo de vida que pretenden escoger, guiando acaso indirectamente con algún ejemplo de vida, en algo habremos cumplido con esta idea. Si usted, por necesidad, omisión o ausencia, no participó directamente en la imposición de normas e ideas para sus hijos, seguramente se sentirá como yo: muy orgulloso de que los hijos de los que fue conducto sean el día de hoy producto único de sus experiencias vitales y no de las de usted. Reflexionemos y veamos, que este libro es solamente para inquietar.

1. Ignorancia, arma dañina

Los niños, quieran o no, están atados a los
padres que les han tocado en suerte.

Cada niño es único. El recién nacido es una persona nueva que ya tiene características individuales, posee una voluble y destacada personalidad, y rasgos psicológicos —absolutamente distintos de los demás— que se desarrollan a gran velocidad. Se trata de un ser humano al que habrá que conocer por su naturaleza, tomando en cuenta que, al igual que el adulto, presentará diferentes estados de ánimo. No es una bola de arcilla que podamos modelar a nuestro antojo. Viene al mundo con cualidades propias y aptitudes que los padres debemos ayudar a desarrollar a través de atenciones constantes y adecuadas a los diferentes periodos de su crecimiento.

Los puntos de referencia más importantes con los que contará el niño para adaptarse al mundo son sus padres. Por desgracia, gran cantidad de progenitores, en el afán de que su hijo llene sus expectativas y se convierta en la gran persona que ellos no pudieron ser, ni siquiera intenta conocerlo. Pierden la oportunidad de descubrir quién es y le niegan la oportunidad de desarrollar sanamente sus aptitudes.

El crecimiento y la maduración somática, psicológica y social es lo que constituye el desarrollo, característica de la infancia. Este desarrollo depende de factores intrínsecos como la carga genética y de factores externos como la alimentación, el ambiente, las enfermedades, etcétera.

La capacidad de diversos factores externos para modificar el patrón de crecimiento determinado genéticamente, ha sido demostrada en numerosos estudios clínicos y experimentales. La influencia de la nutrición ha sido el factor mejor estudiado. Factores como los condicionantes genéticos, la vida intrauterina y el mismo acto de nacer van a marcar el rumbo definitivo del nuevo ser. Aunque esta impronta puede estar presente a lo largo de toda la vida, su expresión máxima tiene lugar en la infancia. El desarrollo, por tanto, indica una maduración progresiva y la diferenciación de órganos y sistemas que condicionan una creciente maduración funcional. Dentro de este concepto se pueden incluir el desarrollo o maduración ósea, el desarrollo sexual, el dentario, el psicomotor y el químico.

Paralelo al desarrollo físico se da el emocional que, al igual que el cuerpo, debe alcanzar un grado de maduración suficiente para que el individuo, al llegar a la edad adulta, pueda valerse por sí mismo para enfrentar con seguridad y confianza el mundo en el que va a vivir. Los principales actores en el desarrollo emocional de un niño son los padres y aquellas personas con las que conviven.

La ignorancia juega un papel fundamental en la forma en que los niños son tratados en nuestro país. Una señora que llamó al programa de radio confesó abiertamente que golpeaba a sus hijos. Cuando se le preguntó por qué lo hacía simplemente respondió que porque así le pegaban a ella de niña; cuando se le dijo del daño que les estaba causando, sólo respondió que también a ella la lastimaron. Éste es tal vez uno de los más graves errores que se cometen en la crianza de los hijos: repetir los patrones que se utilizaron en la propia infancia sin detenerse a pensar si realmente es lo mejor para el niño que tendrá que enfrentarse a un mundo totalmente diferente al que nos tocó vivir.

El daño psicológico que se hace a los niños rara vez se debe a un carácter destructivo o cruel de los papás, por lo general es causa de la ignorancia. Cuántos padres, queriendo lo mejor para sus hijos, los destruyen sin darse cuenta. Es importante abrir los ojos y reflexionar sobre cómo se les está tratando para tener idea de las consecuencias que nuestros actos pueden provocar en su vida como adultos. Me refiero al trato cotidiano, todo lo que ocurre en el hogar a lo largo del día, no sólo los momentos especiales en que se les presta atención porque han tenido un accidente o han roto un florero. Para el niño, todas las actitudes cuentan, desde la forma como se les despierta por la mañana, el gesto de agrado o fastidio con que se le da de comer, la atención que se pone a sus inquietudes, el mal carácter de su padre cuando va al volante y el cuidado que se pone en su higiene.

La ignorancia no es pretexto para hacer daño. Son muchas las actitudes que gran cantidad de progenitores llevan a cabo sin percatarse de que están dañando la autoestima del niño, como recordarle constantemente sus errores pasados. Tal vez se piense que con esto se le ayuda para que aprenda a no cometerlos de nuevo, pero en realidad lo que se consigue es que se sienta incapaz de hacer bien las cosas y entonces cometerá más errores. Otras veces los padres hacen hincapié en sus defectos. En este caso, la imagen de sí mismo que construye el menor es la de una persona defectuosa y probablemente arrastrará esta idea a lo largo de toda su vida, sintiéndose inferior.

No reconocer los logros de un niño es algo muy común. Se piensa que, al hacerlo, se va a volver arrogante y presumido. Sin embargo, el menor necesita este reconocimiento para sentir que es valioso y que sus esfuerzos valen la pena; de otra manera es posible que pierda el interés en lograr algo simplemente porque no le ve el sentido.

Queriendo hacer a los hijos responsables, en muchos hogares se les atribuyen responsabilidades de adulto. Esto distorsiona su percepción del mundo al quitarle la posibilidad de aprender a través del juego, aprendizaje fundamental en el desarrollo saludable de una persona.

Hay quienes consideran a los niños personajes de segunda en el hogar. Los importantes son los adultos y sus actividades, después están los menores, los cuales deben adecuarse. Es tan común ver a una mamá platicando con la tía o la amiga de cualquier chisme y callar al niño que intenta decirle algo. "No interrumpas" y "Vete a jugar" son frases comunes en muchas familias. El problema es que son tan cotidianas que el niño o niña termina por interpretar que sus necesidades o inquietudes no son importantes.

Hoy en día, miles de jóvenes madres están tan decididas a ser "buenas madres" que dedican todo su tiempo a sus niños. Les resuelven todos sus problemas, se sientan a hacer la tarea con ellos a diario (hasta que queda perfecta), estudian para el examen sin permitir que el niño se levante hasta comprobar que sabe todo, hasta se les oye decir "Hoy no puedo salir porque mañana *tenemos* examen de geografía". Estas mamás, con la mejor de las intenciones, no sólo se convierten en una extensión de la escuela quitando a sus hijos la posibilidad de elegir por sí mismos qué tanto estudiar y qué tanto jugar, sino que además, al resolver todos los problemas del niño, lo convierten en un inútil. Recuerde: todo lo que usted haga por su hijo, él lo dejará de hacer por sí mismo. Y aquí entra también la categoría de la fabricación de machines de la que se encargan muchas madres mexicanas. Sus hijos hombres serán incapaces, en la edad adulta, de vivir solos o de compartir una vida de pareja en la que se reparten las funciones. Tendrán que buscarse una mujer sufrida y abnegada que esté dispuesta a hacer todo por ellos porque, definitivamente, no moverán un dedo ni para sacar una bebida del refrigerador.

Chantajear a los niños es un recurso fácil para lograr que hagan lo que uno desea. Es manipulación pura. Frases como "Se ve que no me quieres" son puñaladas que dañan la salud emocional del niño en un instante. El menor se siente culpable y esta culpa es tremendamente dolorosa; en un intento desesperado por librarse de ella, el niño hará lo que se le pide. Lo grotesco de esta dinámica es que, al final, la sensación de culpa continuará pero no querrá más a su madre, al contrario, a nivel inconsciente se va sembrando un resentimiento que terminará por convertirse en un odio profundo que le hará mucho daño. Esto tiene mucho sentido, es la madre quien le está provocando dolor, por lo tanto es a ella a quien terminará odiando. Hay hijos que son manipulados de esta manera toda su vida. Difícilmente viven felices, el lazo que los mantiene atados a su madre es sólo de culpabilidad, aunque erróneamente le llamen "cariño". Lo curioso es que las madres que hacen esto tampoco reconocen su juego. Se sienten muy orgullosas de haber criado un "buen hijo" cuando lo que hicieron fue convertirlo en un dependiente emocional que encontrará grandes dificultades para relacionarse sanamente con otra persona. Sus matrimonios suelen ser un fracaso porque su pareja siempre es relegada a un segundo lugar. La santa madre es la prioridad.

Cuando la dinámica es al revés y se le permite al menor ser quien chantajea, también se le hace un gran daño. Creerá que así es como funcionan las relaciones. Más tarde, en la juventud no comprenderá por qué no puede conseguir lo que desea utilizando el único método que aprendió. Tratará de manipular a sus amigos, quienes seguramente se alejarán y tendrá que encontrar a otra persona enferma que esté dispuesta a funcionar a través del chantaje.

Ciertos adultos creen que son muy simpáticos al hacer bromas a costa de un niño o burlarse de él. No se dan cuenta de que lo están humillando y eso lo hiere profundamente. El menor no puede defenderse porque le está prohibido faltar al respeto a sus mayores, así que se encuentra en total desventaja. La burla es otra manera de decirle al niño que es defectuoso. Lo mismo ocurre cuando se le compara o se le ponen de ejemplo otros niños.

Cuando uno de los padres ignora a su hijo le está enviando el mensaje de que vale tan poco para él que es como si no existiera. En realidad, los niños y niñas siempre están interpretando la actitud de sus padres o tutores hacia ellos. No existe tal cosa como la no comunicación, los niños siempre están recibiendo mensajes favorables o dañinos. Por eso existen muchas maneras de hacer un gran daño a los hijos sin necesidad de golpearlos. Hemos sido testigos del caso de Sergio Andrade, en el que un grupo de madres pusieron a sus hijas menores de edad en manos de un desconocido con la ilusión de mejorar su situación económica. No fueron secuestradas, fueron entregadas frente a un notario sin importar las consecuencias, literalmente las vendieron. Indignante resulta que ahora, después de que las atrocidades de que fueron víctimas salieron a la luz pública, estas mismas madres demanden, no con el fin de ayudar a sus hijas, sino deseando obtener dinero a costa de ellas. Se hacen las víctimas sin explicar por qué pasaron meses y hasta años sin tener contacto con las hijas y sin preocuparse por ellas. Pero nadie parece reconocer la utilización de las niñas por parte de sus madres.

En la infancia se siembran las semillas de la violencia. Las humillaciones acumuladas en el interior, tarde o temprano estallan en un ataque de ira ciega. Un instante de terror queda profundamente grabado en la memoria emocional del niño y activa el temor a que pueda volver a repetirse. Más tarde se convertirá en un adulto desconfiado e inseguro. Las impresiones de sucesos violentos pueden durar toda la vida. La tensión emocional en un niño tiene un impacto devastador sobre su capacidad de aprendizaje, al grado que puede desequilibrar su aptitud para razonar. El miedo entorpece el funcionamiento de la mente. Cuando el menor es presa de la ansiedad o la depresión tiene dificultades para el aprendizaje porque no percibe adecuadamente la información. No puede concentrar su atención para aprender porque ésta se encuentra muy ocupada con las circunstancias que le producen ansiedad o temor.

El ser humano, en todas las condiciones sociales de su existencia, sufre un continuo proceso de ajuste y desajuste. Este proceso está controlado por la dependencia de un mundo interno —con residencia en las capacidades afectivas e intelectivas del individuo— y por el mundo externo que lo rodea. A éste tendrá que adaptarse y desadaptarse en forma continua, y podrá enfrentar los cambios si tiene la capacidad de captar la situación, analizarla, encontrar la solución adecuada y manejar estas posibilidades. Todo este proceso sólo puede lograrse en función de que el individuo pueda disponer, desde etapas básicas, de un proceso adecuado de socialización que le permita integrarse adecuadamente a un núcleo familiar que le facilite no sólo las posibilidades de una nutrición apropiada y un medio higiénico, sino que lo estimule a integrar conceptos que vayan formando su estructura básica intelectual y emocional.

Este libro es para los que ahora son padres, no como un manual de instrucciones ni una guía, sino como señal de alerta por el daño que pueden estar haciendo a sus hijos "sin querer" y las consecuencias de eso. Se tratan tanto el daño obvio que resulta de las agresiones como aquel que se infringe por ignorancia, tal vez con las mejores intenciones.

Tener un hijo es un privilegio y la más grande de las responsabilidades. No pierda la oportunidad de disfrutarlo. La infancia sólo dura unos años, y si usted no goza la de sus niños ahora la perderá para siempre. Pero recuerde: ser padre no es un derecho, es una responsabilidad. La relación de un niño con sus padres tiene un impacto tremendo en su vida. De usted depende que ese impacto sea favorable.

La decisión de tener un hijo

Traer una criatura al mundo implica una gran responsabilidad que muchos padres, demasiados, por los motivos que sea, no asumen debidamente. La decisión de tener un hijo conlleva muchas cosas. Es una decisión en la que están involucradas tres personas desde el principio: la madre, el padre y el hijo. El padre y la madre ya se conocen, al tercero no lo conocerán hasta que haya llegado, ni siquiera se sabe si será hombre o mujer, qué carácter tendrá ni qué características propias va a presentar. Sin saber todo esto, se le invita a formar parte de una familia. Sin saber todo esto se le ama desde antes.

Desafortunadamente, muchas parejas, y a veces sólo la mujer, toman la decisión de tener un hijo por los motivos equivocados. Se olvidan de tomarlo en cuenta y se embarazan sin pensarlo dos veces. Es común que la ilusión de tener un bebé no contemple más que una escena de "la familia feliz" como una fotografía en la que todos se ven sonriendo, felices para siempre en un pedazo de papel. Pero la cosa no es así. Si bien los hijos nos dan momentos de gran satisfacción y hasta llegamos a pensar que nuestra vida no hubiera tenido ningún sentido sin ellos, también es cierto que hay muchas noches de desvelo, momentos de angustia y una vida cotidiana que no siempre está llena de sonrisas y alegrías. Pero claro que nadie llena los álbumes de fotos con imágenes de los momentos difíciles, los llenamos con recuerdos de la fiesta de cumpleaños, de aquel viaje a la playa o del día que bailó la niña en el festival de las madres. Está bien, preferimos recordar lo bueno. Para los que aún no tienen niños, ver estos álbumes les da la idea de estar frente a una familia donde todos siempre están saludables y contentos. Entonces eligen tener la suya sin pensar, sin preguntar por los conflictos, las enfermedades y el cambio radical que se da en la vida de los padres a partir de que llega el primer hijo.

Se habla mucho de la importancia de haber sido un niño "deseado". La mayoría de los padres alegará que sus hijos sí fueron deseados, lo que hay que preguntar es ¿deseados para qué? Y aquí es donde inicia la lista de hijos deseados por los motivos equivocados que después se convierten en niños incómodos, golpeados o ignorados.

Los menores captan con gran sensibilidad las elecciones, el ambiente y, en el caso de ser hijos no deseados, perciben el comportamiento y reacciones ante él, hecho que condiciona su desarrollo afectivo. La mayoría de los hijos no deseados están condenados, desde su nacimiento, a sufrir mucho más que los otros niños y a desarrollarse con más problemas de personalidad, incluso, orgánicos. Diferentes investigaciones han demostrado que, en ese hijo no querido o maltratado, se frena el crecimiento orgánico corporal y también el desarrollo cerebral con todo lo que ello implica.

Los niños son receptores sumamente sensibles de las emociones y reacciones de los adultos. Desde muy temprano, el bebé ya percibe si su nacimiento ha sido deseado o no, y cuáles son las actitudes y vivencias de su madre al respecto, por más que ésta crea que el hecho pasa inadvertido para todos. Una madre que no deseó a su hijo puede engañar a todo el mundo afirmando que lo quiere, pero jamás logrará convencer a su pequeño por mucho que se lo repita. El menor siente la verdad, o sea, que no es querido, por lo cual empezará a desarrollar los problemas derivados de este tipo de maltrato psicológico.

Cuando nos referimos a niños no deseados hablamos no sólo de los hijos de embarazos no deseados. En muchos casos el niño o niña no nació como su madre lo deseaba, es decir, no cumplió sus expectativas. Estas expectativas pueden ir desde el sexo, el tono de la piel y el carácter hasta defectos físicos o alguna discapacidad. La frustración de la madre cuando el hijo no cumple sus expectativas provoca resistencia y rechazo. Para aquellos que desean tener un niño o una niña que tenga el ojo azul o que resulte tener una mente brillante, la recomendación es que lo olviden. Lo más seguro es que les toque alguien muy diferente. Usted puede decidir tener un carro grande que además sea rojo y automático, sólo tiene que pagarlo y se lo darán tal como lo quiere. Con un niño no es así.

Está también la mujer que se embaraza no porque lo desee, sino para satisfacer el deseo de alguien más, como puede ser la abuela o el marido. En este caso la madre no lo reconocerá afectivamente como suyo. Sin embargo, la persona que lo "encargó" sí lo reconoce precisamente porque ella lo encargó y lo más probable es que termine quedándose con el niño que, por mucho que lo quieran, no dejará de sentirse abandonado por su propia madre.

Hay mujeres que se embarazan con el único de fin de atrapar al novio y hacerlo que se case, "que les cumpla", o para retener al marido que están a punto de perder. Éstos también son hijos no deseados. La madre no los va a querer y, en caso de que se vean de cualquier modo abandonadas por el hombre al que pretendían encarcelar, lo más probable es que odien al niño. El hijo adoptivo es también un factor de riesgo cuando la madre que decide adoptar está tratando de cumplir una fantasía muy personal. El niño, generalmente, no cumple sus expectativas y esto genera una bomba de tiempo.

La madre de un niño no deseado, si además tiene muy poca tolerancia a la frustración, reaccionará exageradamente cuando el niño no cumpla con sus tareas, no traiga buenas calificaciones o no sea tan listo a pesar de que ella hace todo para que lo sea.

En muchos cuentos infantiles aparece la imagen de la madrastra como la "malvada". Esto tiene mucho sentido porque son abundantes los casos de mujeres que aceptan lidiar con la "carga" de los hijos del viudo con tal de casarse. Es imposible que estas mujeres lleguen a tener algún lazo afectivo con los niños, para ellas son sólo una carga y, aunque no los golpeen, les hacen sentir su hostilidad. Estos niños que de por sí padecen la falta de la madre son víctimas constantes de un maltrato emocional destructivo. Cuando estas mujeres traen un nuevo bebé a la familia, la cosa empeora porque hacen muchas diferencias y tratan a los hijastros como enemigos de su hijo.

Otro caso disfuncional se da cuando la madrastra intenta convertirse en madre de los niños. Espera que los niños la quieran como si fuera su madre pero es imposible. Los hijastros aceptan el afecto y el respeto pero no la sustitución, en el fondo saben que decirle "mamá" es una mentira y tarde o temprano se revelarán.

Cuando se toma la decisión de traer un niño a formar parte de la propia vida, ésta debe tomarse desde la perspectiva del amor. Deben tenerse en cuenta todas las dificultades que esto puede traer, todo lo que tendrá que ser sacrificado, al menos por un buen tiempo, y todas las posibilidades. Si aun así los padres aceptan el reto y la gran responsabilidad que implica, estarán listos para enfrentar esta aventura y serán los padres que más disfruten a sus hijos.

Los padres que por alguna razón eligen la opción de adoptar un niño, deben considerar los mismos beneficios y dificultades que implica la decisión de concebir un hijo propio pero, además, deben tomar en cuenta otros factores como el proceso legal que tendrán que enfrentar, los requisitos que cumplir, la falta de conocimiento sobre los antecedentes familiares del niño (cargas genéticas) y las dificultades que pueden venir con situaciones como la perturbación emocional que puede presentar un niño o adolescente al saberse abandonado por su madre natural. Lo más recomendable es asesorarse, acercarse a un grupo de padres que comparta su experiencia y los aconsejen, respondiendo cualquier duda que puedan tener. Tuvimos el agrado de contar en el programa de radio con madres que tienen hijos adoptivos. Estas mujeres recibieron el apoyo de la asociación Mejores Familias / Nueva Vida que opera en la ciudad de México. Además de mostrarse felices, expresaron que, gracias a la asesoría recibida, hoy cuentan con una familia saludable.

2. Autoestima, la mejor herramienta del niño

La autoestima consiste en la capacidad que tiene un ser humano de estimarse a sí mismo. El niño que posee una autoestima elevada es el que más probabilidades tiene de triunfar en la vida, ya que ése es el factor que decide el éxito o el fracaso de cada individuo como ser humano. Para que un niño se estime a sí mismo es necesario que se considere digno de amor y valioso por el mero hecho de existir. No se trata de que se crea mucho sino de que se sienta tranquilamente cómodo de ser quien es.

La clave de la paz interior y la vida feliz es la alta autoestima, por cuanto ella se encuentra detrás de toda relación exitosa con los demás. Toda defensa no es otra cosa que un arma psicológica contra la ansiedad, el temor, la inseguridad, la ineptitud y todo aquello que hace que una persona no se estime a sí misma. Los consultorios psiquiátricos están llenos de pacientes cuya autoestima fue dañada en la infancia.

Los niños con carencia de afecto experimentan muchas decepciones. Viven en un conflicto casi continuo, ya que han tenido grandes dificultades para manifestar sus impulsos y para poder expresarse en su entorno de modo armónico y espontáneo. Puede darse en ellos una confusión y un desajuste entre el plano del deseo y el de la realidad concreta, originándose un desequilibrio básico permanente que les lleva a instalarse en una personalidad de tipo narcisista.

Congruencia

El niño aprende a verse a sí mismo como lo ven las personas importantes que lo rodean, pues éstas conforman su mundo. Cree lo que dicen y así forma la imagen que tiene de su propia persona. Un niño que escucha continuamente que es un tonto se creerá tonto y actuará como tal debido a su necesidad de congruencia. No sólo forma su imagen a partir de las palabras, también interpreta las reacciones de quienes conviven con él. Una madre puede no decirle a su niña que la fastidia cada vez que le pide que la acompañe al baño, pero muy bien se lo puede demostrar con sus gestos y acciones. En este caso la niña vive una experiencia negativa que disminuye su autoestima.

Todo padre que se preocupe por sus hijos debe ayudarlos a creer firme y sinceramente en sí mismos. Cualquier persona que pase con ellos periodos prolongados influye sobre su autoimagen. Los hermanos y las personas que los cuidan también constituyen modelos y fuentes de información a partir de las cuales el niño creará su propia imagen. Cuando el niño recibe dobles mensajes por parte de quienes lo rodean, no puede ubicarse en la realidad. Ante esta confusión, va a utilizar la fantasía como una defensa natural. Los padres deben mostrar la realidad y ayudarlo a encontrarla. El niño necesita explicarse el entorno, por eso usa la fantasía. Lo mismo sucede cuando la mamá no es congruente con lo que dice y su forma de actuar. Cuando el menor no sabe lo que puede suceder, o sea que vive en un entorno poco predecible, la incertidumbre le genera ansiedad. Los dobles mensajes desconciertan al niño, que no puede traducirlos, por lo que se traducen en inseguridad.

Los padres deben ser coherentes, congruentes y predecibles. Es importante la presencia de ambos padres. La madre va a señalar aquello que se convertirá en una creencia. El padre proporcionará información de género y de conducta. La información de ambos padres debe ser congruente.

Es necesario tener mucho cuidado con los apodos, ya que éstos pueden ser devastadores y convertirse en una carga. Es el caso de María Inés, la menor de tres hermanos. Alguien en su casa comenzó a decirle "pulga" sólo por ser la más chica. Desde entonces, nadie la llamó por su nombre y fue "la pulga" en preescolar, en primaria, en secundaria, en la preparatoria y hasta en la universidad. Acudió a terapia cuando se dio cuenta de que se sentía tan inferior a todos que no podía relacionarse con ningún hombre. Nos cuenta que en el consultorio tuvo una catarsis en la que vio claramente que la imagen que tenía de sí misma era exactamente la de una pulga, un insecto diminuto y nada apreciado, ni siquiera por los perros.

Finalmente, en el trato cotidiano, no importa tanto qué palabras se dirigen a un niño como la intención que hay detrás de ellas. Cuando dicha intención lo devalúa, el niño se sentirá así aunque las palabras sean "Qué lindo eres". Y cuando ingrese por primera vez a la escuela se comportará tal como le dijeron que era. Si en su casa escuchó repetidamente "Eres muy lento", aunque tenga la capacidad de ser ágil, actuará con lentitud, simplemente porque cree lo que le dijeron. Los demás niños, al observar esto, van a reforzar la misma imagen y, si el menor no tiene la capacidad neurológica para enfrentar esta situación, seguramente va a buscar la forma de fugarse en la fantasía. El niño que crece con la convicción de no ser útil buscará una forma adaptativa de conducirse. Es posible que desarrolle conductas como robar o adopte una posición en contra de todo, nunca se le verá de buen humor y tendrá arranques de rabia. Estos niños no pueden entablar una relación profunda, todas sus relaciones suelen ser superficiales. Él sí quiere integrarse pero no lo consigue y se desespera fácilmente. Más adelante estos niños se convertirán en hombres fantasiosos, soñarán con ser muy ricos pero no harán nada para lograrlo, ni siquiera comprar el billete de la lotería. También se vuelven apáticos.

Los niños que reciben dobles mensajes acerca de lo que son no pueden estructurar una identidad consistente. Padecen lo que se llama difusión de identidad, o sea que ésta se va fusionando con la de otras personas. Al no tener una identidad propia buscan repetir otras identidades desarrollando ritos. El vacío de la falta de identidad es muy angustiante. El niño hace un intento desesperado por sentirse y ser como el otro, por apropiarse de su identidad porque se siente "como iglesia abandonada, sin cura", como dice el doctor Marco Campuzano.

Los niños pueden perder la confianza en ciertas áreas y en otras no. Es fácil darse cuenta de esto por la manera en que se expresan de sí mismos. "Dibujo muy feo" nos dice un niño al que le pedimos que dibuje, ni siquiera lo intenta. Ya se ha dado por inepto y por lo tanto espera fracasar. Aun cuando lo logremos convencer de realizar el dibujo, el niño lo considerará espantoso, no importa que en realidad sea muy artístico. Esta creencia en la ineptitud hace que un niño presente conductas de autodestrucción o se vuelva retraído. Además, cuando se considera indigno de amor y carente de valor, sus defensas hacen que los demás se alejen de él, lo cual viene a confirmar esta imagen negativa que ya tiene de sí mismo.

La conducta del niño se ajusta a su autoimagen. Si el menor se convence de no ser bueno, se verá obligado, por necesidad de ser congruente, a evitar que le lleguen mensajes positivos. Un ejemplo muy claro lo vemos en algunas zonas rurales en donde un regaño común para las niñas —cuando se portan mal o cometen algún error— es decirles "niña fea". En el pueblo de San Juan Chamula, en el estado de Chiapas, las niñas son muy bonitas; bastante desinhibidas se acercan a los visitantes tratando de convencerlos de que compren sus artesanías. Sin embargo, basta que uno le diga a una de ellas que es bonita para que inmediatamente se tape la cara con su rebozo diciendo "No es cierto, soy fea". Lo cierto es que no hay manera de convencerla de lo contrario.

Para que un niño pierda la autoestima se requiere que reciba muchos mensajes negativos durante mucho tiempo. Si generalmente vive en un clima de aceptación y experiencias de éxito, podrá crecer con la mejor herramienta para enfrentarse a la vida: una autoestima elevada. Por esto es muy importante reconocer sus éxitos y felicitar sus avances. Si sólo señalamos lo que hace mal, creerá que es una persona que no puede hacer nada bien y actuará como tal porque la conducta del niño se ajusta a su autoimagen. Puede tener confianza en sí mismo en un terreno y en otros no; su forma de actuar nos da claves acerca de si siente que opera desde una posición fuerte o débil. Cuando hace comentarios negativos acerca de sí mismo, es claro que su autoestima es baja. Pero si se expresa positivamente de su persona, su autoestima es elevada y siente seguridad en sí mismo. Cuando un niño se considera incapaz espera fracasar y actúa en consecuencia.

La seguridad personal, en cambio, le da el valor y la energía necesarios para salir al paso de cualquier tarea; le permite esperar vencer y actuar en consecuencia. La creencia en sí mismo le asegura mejores resultados en sus relaciones con los demás. De este modo, es más probable que alcance la felicidad.

El valor de la atención

El niño debe sentirse incluido en la familia y recibir verdadero afecto. Durante el primer año de vida la madre debe entender las necesidades del bebé, más allá de tratar de adaptar al bebé a su vida. Por lo general, las mamás saben por qué llora su bebé casi intuitivamente. Cuando una madre no puede traducir las señales emocionales, no se da esta comunicación natural y no puede satisfacer las necesidades de su hijo, lo que produce un alto nivel de frustración tanto en el niño como en la madre.

Para sentirse amado, el niño requiere la atención concentrada de sus padres y saber que cuenta con ellos. Esto quiere decir que necesita muchos momentos en los que estén por completo con él y que, el resto del tiempo, sepa que es importante para sus papás aunque no los vea. Es necesario que el niño sienta el interés de sus padres por él. Los abrazos, los besos, las demostraciones de afecto físico son valiosos pero no suficientes. El niño es una persona inteligente que piensa y necesita ser escuchado.

Muchos padres se ven en la necesidad de renunciar a sus necesidades o gustos para realizar la privilegiada tarea de ser padres. Pero cuidado, demostrar a sus hijos que usted se sacrifica por ellos no es un mensaje de amor, es establecer una deuda que su hijo no podrá pagar. "Yo que me sacrifico tanto por ti" es la típica frase de la madre eternamente sacrificada que con esta actitud hace mucho daño y es un pésimo ejemplo. Lo único que el niño aprende es que por su causa su mamá no puede ser feliz. Que vea que usted se aprecia para que aprenda a apreciarse a sí mismo. Lo mismo sucede con el respeto. Tal vez el mejor mensaje para un niño es ver que su madre, o su padre, es feliz de que él exista y esto lo percibe cuando usted realmente lo disfruta y aprecia la maravilla que es aquí y ahora.

Si los niños viven en medio de expectativas realistas, encuentros seguros, aceptación comprensiva de todos sus sentimientos, aunque se limiten sus actos, se sentirán amados. Y ese sentimiento es la base de la alta autoestima. Con este sólido núcleo, sus potenciales se desplegarán y será una persona motivada y creativa que habrá de encontrarle fines y objetivos a la vida. Se relacionará exitosamente con los demás, gozará de paz interna, resistirá las tensiones y tendrá mayores probabilidades de realizar un matrimonio feliz. Y cuando le llegue el turno, será una madre o padre capaz de nutrir a sus hijos.

Los niños deben poder confiar en sus padres. Ellos nacen confiando en su madre y es ella la única que puede romper esta confianza. Si el padre está presente, dependerá de él ganársela. Para que confíe, las palabras de sus padres deben coincidir con sus actos, gestos y expresiones. Es un error ocultar los propios sentimientos al niño. Él requiere que sus papás sean humanos y auténticos.

Cuando los padres no prestan atención a la vida de su hijo, en éste se siembra un malestar profundo. Hay que tener en cuenta que el tiempo no es el mismo para el niño que para el adulto. Para el pequeño dos días son como dos semanas, demasiado tiempo para enfrentar situaciones como la ausencia de su madre.

Todo padre que se preocupe por sus hijos debe ayudarlos a creer firme y sinceramente en sí mismos. La doctora Dorothy Corkille Briggs, en su libro *El niño feliz, su clave psicológica*, hace un excelente análisis de la conformación de un modelo de autoestima sólido y enlista las condiciones necesarias durante la infancia para lograrlo. Recomiendo ampliamente la lectura de este libro a todos los padres, a los que ya lo son y a los que planean serlo.

Un niño sano, además de nacer saludable, necesita que su salud se consolide y no se vea afectada por circunstancias ajenas a su estado original. Es claro que un niño que ha nacido sano, si vive con un padre violento o abusivo, o bien con una madre neurótica, se va a ver afectado desarrollando cierta vulnerabilidad. Ésta quizá no sea tan intensa como la del enfermo emocional genético. De hecho, muchos de ellos logran superar los traumas de la infancia y desarrollan una vida sana cuando logran recuperar la autoestima. Cuando un individuo no la recupera se convierte en un enfermo emocional que probablemente termine siendo una persona violenta o bien una víctima de la violencia como los adictos a relaciones destructivas.

Lo que el niño siente respecto de sí mismo afecta su manera de vivir la vida. La autoestima elevada se funda en la creencia, por parte del niño, de ser digno de amor y valioso, es por esto que toda violencia, toda agresión y toda humillación destruyen la seguridad que pueda tener en sí mismo. El niño debe sentirse competente en el manejo de sí mismo y de su entorno. Necesita sentir que tiene algo que ofrecer a los demás. El menor, por naturaleza, busca respetarse a sí mismo. Cuando se siente inepto, puede someterse a una vida de autodestrucción y de retraimiento, o bien desarrollar diversas defensas que le permitan conservar la autoestima. Las defensas neuróticas se erigen en torno de la creencia de ser indigno de amor y carente de valor. Una de las defensas más obvias es la agresividad. Cuando las defensas alejan a los demás, el niño deja insatisfecha su necesidad de reflejos positivos.

Si el niño se convence de que no es bueno, se verá obligado —por la necesidad de conservar su coherencia interna— a evitar que le lleguen mensajes positivos acerca de sus aptitudes. Las actitudes negativas del niño hacia sí mismo se pueden transformar en autoestima si se le brinda un clima de aceptación y experiencias de éxito.

Algunos niños, que necesitan más atención y dedicación por parte de los padres, tienen cierta tendencia a inventarse y crearse su propio mundo, para ello recurren a la fantasía. La mayoría de estos niños crea para sí mismos ese mundo imaginario e idílico en el que les gustaría vivir. Tienen mucha imaginación, a veces cuentan historias inventadas y las viven como reales. Pueden tener dificultad para diferenciar la realidad de la ficción, aunque, a partir de los siete años, el niño debiera adquirir la madurez psicológica suficiente para distinguir la realidad de la ficción. Es entonces cuando empieza a tomar conciencia de que la mentira puede ser un recurso muy útil para utilizarla según le convenga.

Muchos niños inseguros y con baja autoestima mienten para impresionar con la intención de que los demás tengan una buena imagen de ellos. Además comprueban cómo reciben más atención por parte de los demás cuando cuentan estas historias. Una minoría lo hace para aprovecharse de los demás y obtener algún beneficio, otros para evitar ser castigados, como veremos más adelante. Los padres deben enseñar a los niños la diferencia entre la verdad y la mentira, entre lo que es real y la fantasía. Una buena ocasión para hacerlo es mientras se les está contando alguna historia o un cuento, o cuando se ve la televisión con ellos. Hay que hablarles de lo que es real y de lo que es ficción en cada historia. Es conveniente que los padres se aseguren de que los cuentos y libros que compren a sus hijos sean los apropiados para su edad, así como aquellos programas que ven en la televisión.

Cuando el niño crece en un ambiente familiar basado en la confianza, en el que se le enseña que no todo se puede hacer bien y que es normal cometer errores, difícilmente va a sentir la necesidad de mentir. La honestidad es una virtud que se les debe ir inculcando poco a poco desde que son pequeños. Deben aprender a ser honestos consigo mismos y con los demás. En esto es fundamental que los padres den un buen ejemplo. Los niños tienden a imitar y copiar las conductas de los padres. Es aconsejable que los padres no inventen excusas, no hablen mal de los demás, que cumplan las promesas que hacen, que no inventen historias y que reconozcan que se han equivocado. Todo esto no es otra cosa que educar con el ejemplo, y si el niño vive esto desde muy pequeño no lo olvidará cuando sea mayor. De lo contrario aprenderá que mentir es algo habitual, que todo el mundo lo hace y que se trata de algo a lo que se puede recurrir cuando esté en un apuro. La mentira se convierte en una rutina y empieza a desarrollarse un patrón serio de mentir que va a requerir ayuda y atención profesional.

Los antecedentes de comportamiento agresivo en la niñez son un factor que permite predecir el riesgo de que una persona cometa actos de violencia en la edad adulta. Por eso es tan importante prestar atención a las conductas delictivas de los menores como robar o agredir con armas. También los niños víctimas de abuso o que presencian la violencia crónica en su hogar son más propensos a ejercerla ellos mismos.

Además de reproducir en la edad adulta el comportamiento violento del que fueron víctimas o testigos, los niños tienden a presentar problemas durante la niñez. Los menores que presencian violencia cotidiana en el hogar presentan más problemas de disciplina, adaptación y comportamiento, así como una mayor probabilidad de repetir grados escolares. Un padre y una madre preocupados por el sano desarrollo de sus hijos, no sólo deben preocuparse por alimentarlos y educarlos, necesitan estar muy conscientes de transmitirles continuamente amor.

La función de ser padres no es fácil, pero es algo que elegimos. Por otro lado, los hijos sólo son niños por un breve periodo de tiempo. Quienes están conscientes de esto y deciden traer niños al mundo, ven esta función como lo más importante de ese periodo de sus vidas. Saben que está en sus manos cuidar la autoestima de sus hijos como factor fundamental para su futuro. Los padres deben proteger a sus hijos de los riesgos, no ser un riesgo para ellos.

Son pocos los menores que se atreven a poner en palabras el maltrato que sufren. Muchos, al provenir la violencia de una persona con autoridad, creen que lo merecen. Otros se encuentran tan atemorizados que callan para evitar más golpizas. En su malestar confluyen el miedo, la vergüenza y la culpa. El niño cree que lo que él hizo provocó la ira de su padre y esta creencia se refuerza con frases como "Si obedecieras..." o "Si te portaras bien...".

El padre o madre violentos buscan constantemente una justificación para la violencia que sienten, y la encuentran. El niño se vuelve torpe ante los continuos ataques y esta misma torpeza es utilizada como pretexto para un ataque más. El menor va perdiendo su individualidad y se convence de que haga lo que haga la cosa resultará mal.

Los niños con frecuencia, y ante el temor de sufrir peores consecuencias, se ven obligados a mentir en relación con la causa de sus lesiones: "Me caí de la bicicleta", "Estaba jugando arriba de la barda", "Me pegaron unos niños". Otras veces mienten por vergüenza, pero lo que los avergüenza no es que su madre sea una bestia sino que él cree que las marcas son la prueba de que él es malo. La mayoría de los niños golpeados quieren creer que sus padres los aman y justifican los golpes culpándose a sí mismos.

Desde que nace, el niño es un ser comunicativo que tiene deseos, necesidad de seguridad, amor, alegría y respeto, tanto como requiere de alimentarse y respirar.

Las dificultades de relación de los niños suelen escapar a la conciencia de los adultos y, sin embargo, esas dificultades preparan un futuro psicosocial perturbado. Demasiado tarde, los efectos surgen cuando el niño entra a la escuela, ya que se encuentra en la imposibilidad de tomar parte con seguridad y alegría en las actividades de los niños de su edad. Tiempo después se presentan perturbaciones de carácter, descompensaciones psicosomáticas en cadena, síntomas de angustia y hasta rechazo del grupo de su edad. Es hasta entonces cuando los padres buscan ayuda porque tienen un "niño problema". Los problemas de conducta suelen ser peticiones de ayuda dirigidas a aquellos de quienes, por naturaleza, el hijo espera todo.

Escuchar al niño no significa esperar a que domine el lenguaje para que pueda contarle lo que le sucede. En realidad, el niño intenta expresarse de varias formas desde que nace. El llanto es la más común. A un bebé no se le debe dejar llorar, porque está sufriendo. Es importante, mientras se le carga, hablarle. Desde que nace el bebé reconoce la voz modulada de su madre porque ya la escuchaba en el útero. Muchos bebés lloran en lugar de dormir porque se les pone en un sitio aparte, entonces se sienten abandonados. Es verdad que el bebé necesita dormir mucho, pero para lograrlo debe sentirse tranquilo y seguro. Cuando duerme fuera de horas hay que respetarle el sueño y jamás despertarlo abruptamente. Los niños muy pequeños expresan su sufrimiento con disfunciones viscerales o digestivas, pérdida de apetito y del sueño, agitación o apatía y pérdida del gusto por jugar o alborotar.

El bebé es un ser de lenguaje desde que nace. Aunque no entiende el contenido de las palabras, sí comprende el sentido cariñoso de la palabra que se dirige con compasión y verdad a su persona. En esa palabra, el bebé encuentra una sensación de seguridad en lugar del miedo que le provocan los gritos que pretenden hacerlo callar. Los gritos lo hacen callar porque lo asustan, no porque se sienta socorrido por aquellos que lo aman.

Esta comunicación humanizada es lo que con más frecuencia olvidan los padres. El niño tiene avidez de comunicación con los adultos porque lo propio del ser humano estriba en expresarse buscando la comunicación con los demás, y sufre por su impotencia si no lo puede hacer. El niño está constantemente intentando expresarse, aun cuando muestre un comportamiento insólito y molesto. La obligación de los padres es tratar de comprender lo que le pasa. Los caprichos suelen proceder de una incomprensión del niño y muchas veces él mismo ya no se comprende porque el adulto no lo comprende.

Los dibujos de los niños suelen ser una forma de expresión. Cuando un niño muestra sus dibujos lo mejor es interesarse y hacerle preguntas como "¿Qué es esto?", "¿Cuál es la historia?". Se expresan mediante el dibujo, especialmente cuando no lo pueden hacer con palabras.

Ningún niño puede "verse" a sí mismo en forma directa; sólo lo hace en el reflejo de sí mismo que le devuelven los demás, así moldea literalmente su autoimagen. La clave del tipo de identidad que el niño se construye se relaciona directamente con la forma en que se le juzga. Todo niño posee los elementos necesarios para gustar de sí mismo. Construye su autoimagen de acuerdo con las palabras, el lenguaje corporal, las actitudes y los juicios de los demás. Se juzga a sí mismo según como se vea en comparación con otros y cómo sean las reacciones de los demás hacia él. La alta autoestima surge de experiencias positivas en la vida y con el amor.

Su comodidad o la salud emocional de sus hijos

El egoísmo de los padres puede ser un acto violento que interfiere en la estabilidad y desarrollo del niño. Cuando hablamos de egoísmo no nos referimos únicamente al padre que se gasta la quincena en bares y restaurantes con sus cuates mientras su familia tal vez no tenga ni para comer. Egoísmo es cada vez que uno piensa primero en el propio bienestar y después en el de los niños.

Es muy diferente dejar al niño al cuidado de otra persona por tener que trabajar, a dejarlo todas las tardes por asistir al club, ir al cine, a reuniones de chismes o a tomar cursitos de arreglo personal. Por supuesto que los padres requieren de cierto tiempo para su esparcimiento de vez en cuando, pero si lo hacen diario el niño sufre de abandono. Siempre es más cómodo que otros se encarguen de los niños. Abuelas, nanas y hasta miles de televisores en este país sustituyen a las madres todas las tardes. Por la mañana, es tarea de las escuelas y guarderías. Todas esas horas son perdidas, todo el tiempo que no aproveche para convivir con sus niños hará de usted una persona extraña y lejana a la que difícilmente le tendrán confianza.

Hoy en día está de moda decir: "No importa qué tan poco tiempo les dedique mientras sea de calidad". Claro que la calidad es importante pero el tiempo también, y mucho. Si usted convive con su hijo sólo unos minutos antes de ir a la cama, difícilmente podrán ser "de calidad". Podrá intentar comunicarse con él y explicarle cualquier cantidad de cosas pero, para él, usted es un extraño a quien quiere, sí, pero no le tendrá confianza para comunicarse con usted.

Una niña de seis años relata que pasa las tardes jugando con sus amiguitos en el patio del edificio, pero si sabe que su mamá está en casa se siente muy contenta. Cuando sabe que no está no puede divertirse. Esto se llama estar disponible. Esta madre no anda detrás de su hija tratando de compartir tiempo "de calidad", simplemente está a la mano y esto parece ser muy importante para la niña. Ella sabe que en cualquier momento puede subir y su madre estará ahí para atender cualquier raspón o problema que se le presente.

Hay madres que utilizan a los hijos como pretexto para salir de un apuro o para justificar sus actos. Suelen ser madres que tampoco se ocupan de sus hijos prestándoles la atención que requieren. El problema es que los niños siempre se dan cuenta cuando están siendo utilizados y esto los hiere profundamente. Que la madre busque primero su comodidad puede afectar al niño de muchas maneras. Cualquier nutriólogo serio le dirá que el niño necesita alimentarse con productos naturales preparados en casa y le explicará lo dañina que es la comida chatarra o los alimentos precocidos. Nunca será lo mismo darle a un bebé una papilla recién cocida que un alimento envasado por más beneficios que ofrezca la publicidad. Eso sí, es más cómodo.

Muchas madres prefieren evitar la lactancia también por comodidad, o por evitar que su cuerpo se deteriore. Hacen a un lado los beneficios de la lactancia, entre los cuales podemos citar la defensa inmunológica que proporciona al recién nacido, el contacto físico que da seguridad al niño y la fórmula ideal, no existe otra mejor, para su nutrición en esa etapa.

La televisión se ha convertido en la nana de los niños modernos. Más que nana es toda una escuela en la que los niños están adquiriendo gran cantidad de conocimientos, muchos difíciles de digerir para su joven mente. El modelo del mundo que la televisión presenta es el modelo en el que están aprendiendo. No nos extrañe que un niño utilice la violencia para solucionar un problema si los programas de caricaturas les están enseñando que el "bueno" debe matar a muchos "malos" para salvar a otro "bueno". Pero además de educar, la televisión los está manipulando. Los niños se han vuelto el blanco de muchas campañas publicitarias que les enseñan que, para ser alguien, tienen que tener. Estas campañas fomentan el consumismo y deforman todos los valores. Pero esto no es nuevo. Las primeras generaciones de niños manipulados han llegado a la adultez. En México alcanzaron la edad de votar antes de las elecciones del 2000 y salieron a votar por el "cambio" que les vendió la campaña publicitaria de una agencia de publicidad. Ahora, están muy decepcionados porque en lugar de tener oportunidades de trabajo, ven cómo se cierran fuentes de empleo todos los días. Una joven reconoce: "Nos vendieron al presidente como nos venden el cereal".

Vemos con tristeza a estos jóvenes que no tienen más interés que el de hacer dinero para obtener ese carro y ese reloj sin los cuales no son "alguien". Estos muchachos, cuyo lenguaje es bastante reducido y utilizan la palabra *güey* para sustituir cualquier nombre propio, pasaron la mitad de su infancia frente al televisor. La caja mágica mantenía a los niños calladitos y quietos, lo cual fue muy cómodo para sus papás.

3. Educar o domar

La principal tarea de los padres es la de tratar
que los hijos se vayan lo antes posible.

Fue hasta principios de los años sesenta cuando se empezó a hablar del "síndrome del niño maltratado". Antes, no se había reconocido la violencia que sufren los menores dentro del hogar. Se consideraba que el padre y la madre, al tener la función de educar, hacían bien en utilizar los azotes como un método educativo legítimo. "Educar" a golpes ha sido una costumbre aceptada y muy recomendada. Con este pretexto se ha abusado de los niños con crueldad irracional. Tratan de domar a los niños como si se tratara de un caballo salvaje o un león de circo. Lo que pretenden es que, al igual que esos animales, se vuelvan dóciles y hagan todo lo que a sus padres se les antoja. Y lo consiguen una vez que han destrozado la autoestima del niño, garantizándole una vida muy infeliz.

En realidad, lo único que sucede cuando un progenitor golpea a su hijo es que está descargando su ira reprimida contra un ser indefenso al que puede acorralar fácilmente. Las palabras "Lo hago por tu bien" no son más que una mentira para justificar la brutalidad. Los golpes no educan ni jamás han educado a nadie.

Lo que hacen es herir y fomentar el odio, causando un daño emocional y psicológico que perdura muchos años después de que las heridas corporales han sanado. En nombre del amor se cometen abusos imperdonables. Las justificaciones "Lo hago porque te quiero" o "Esto me duele más a mí que a ti" provocan una distorsión aberrante en el niño acerca del concepto del amor.

Es difícil educar bien desde la ignorancia. Por lo general, tendemos a buscar la solución sencillamente en lo que nuestros padres hicieron con nosotros o en lo contrario. Lo que hay que hacer es conocer a cada niño, descubrir su propia naturaleza y tratar de ayudarlo a superar sus dificultades y desarrollar su potencial correctamente.

Todos tenemos nuestros conflictos no resueltos, lo importante es reconocerlos y no proyectarlos sobre los hijos. Antes de llevar a cabo esas acciones supuestamente educativas hay que preguntarse a uno mismo para qué hay que hacerlas y ser muy honestos con la respuesta. El famoso "por su bien" puede ser una trampa. Eso que va a hacer o que ya está haciendo, ¿es realmente por el bien del niño?, o más bien se trata de lo que a usted más le conviene. Hay que explicar la importancia de las cosas que se ordenan, la cual deberá ser real y no tratarse sólo de una necedad del padre. ¿Cuántas veces la orden es en beneficio del niño y cuántas en el de usted?

La educación tiene metas a largo plazo. Educar a un hijo tampoco significa consagrarse enteramente a él descuidándose uno mismo, menos aún descuidando a la pareja, a otros hijos y a la vida social. La gran responsabilidad de educar a un hijo empieza desde que éste nace. Cuando comienza a percibir el mundo y a aquellos que están con él y, desde ese momento, empieza a tener reacciones emocionales. Los padres bien informados acerca de las diferentes etapas de desarrollo podrán comprenderlo mejor y darle lo que necesita.

60

Cuando apenas tiene una semana, el bebé puede coger el dedo de un adulto con su manita. Se trata de un reflejo instintivo y no de un acto voluntario. Estimular su tacto le puede ser de gran ayuda, si usted le abre la palma de su mano y le ayuda a explorar con ella su rostro.

Ante todo, deben respetarse sus ritmos. Al principio, habrá un desfile de personas que vendrán a conocer al recién nacido, lo que para él constituirá un bombardeo excesivo de cumplidos, voces y caras nuevas, que podrían resultar intolerables. Lo mejor es dosificar las visitas y escoger los mejores horarios (que no interrumpan el baño, la lactancia u otros momentos importantes). Si el pequeño duerme, déjelo descansar y no lo despierte repentinamente para que los desconocidos lo vean y lo apapachen. Su percepción de la realidad todavía es confusa y no es capaz de ordenar todos los estímulos que hacen que se sienta aturdido. Por lo tanto, lo mejor es concentrar las visitas en los mejores momentos. Los bebés tienen la necesidad de seguir ritmos regulares. Han de comer cuando tienen hambre y dormir a las mismas horas, por lo que sus días están repartidos en tareas uniformes y definidas. Al mes de nacido, el bebé es capaz de reconocer a su madre y empieza a hacer muecas. Si pone un muñeco en su cuna o hace que se refleje en un espejo irrompible, hará que tome confianza con las formas y las maneras de asirlas, tanto en el aspecto táctil como en el visual.

A los dos meses, el niño empieza a sonreír y a reaccionar ante las caras familiares con claros signos de afecto y de preferencia. Si se le habla, se le canta una canción o se le divierte con gestos y muecas con frecuencia, se acostumbrará a sonreír muy a menudo y en poco tiempo usted podrá ser testigo de sus primeras risas. El bebé vive en un mundo lleno de sensaciones; no se pregunta por qué sucede una cosa, sino que se queda fascinado por la novedad, muy atento a cada gesto de su madre, con la cual se comunica a través de la mirada.

A los tres meses, el bebé suele ser capaz de coger los objetos y de sacudirlos. Se trata de un momento de suma importancia. Al principio, el recién nacido tenía las manitas más bien cerradas y los brazos pegados al cuerpo. Ahora, cada vez parece más suelto, abre y cierra las manos y coge todos los objetos que quedan a su alcance para después dejarlos caer. A través del juego, el pequeño va conociendo su cuerpo y afina sus habilidades. El acto aparentemente simple de coger un objeto requiere una coordinación entre manos y ojos, y una exploración de su mundo a través de los sentidos del tacto y del gusto. Usted puede estimular su interés con juguetes colgados a poca distancia de manera que tenga que elevar la cabeza y los brazos para alcanzarlos.

Cada día está formado por pequeños grandes pasos que el niño da hacia su autonomía. Cada bebé crece a su manera y tiene sus propios tiempos y ritmos, que deben respetarse y a los cuales hay que adaptarse. No obstante, existen etapas más o menos iguales para todos los niños, que le permitirán a usted controlar los progresos de su hijo y ayudarle a crecer sin problemas. Las maneras que el bebé tiene para comunicarse con usted son las miradas, gestos, balbuceos, determinadas posturas y el llanto.

Para un niño pequeño no todas las cosas son iguales o, mejor dicho, no todas tienen la misma capacidad para interesarlo y atraerlo. Algunos aspectos de la realidad, por ejemplo las voces y los rostros humanos, captan su atención y se fijan más fácilmente en su memoria. Recientes estudios han demostrado que, desde el nacimiento, el bebé está particularmente atraído por estímulos lingüísticos y que es capaz de seguir con la mirada una cara en movimiento. Su sistema visual es comparable al de un miope. Es capaz de reconocer, gracias también al olfato y al oído, la figura de la madre. Asimismo, puede modificar su comportamiento para obtener a cambio una gratificación. Es común que se chupe el dedo para consolarse (lo ha aprendido en la barriga de la madre) y, si al mismo tiempo se le propone un estímulo desconocido, tiende a hacer más lenta la succión, mientras que si la madre aparece de repente o escucha su voz, se produce un aumento en el reflejo de la succión. Este fenómeno se produce porque ante una cosa que lo estimula, pero que es desconocida para él, su concentración se desdobla y se chupa el dedo con menor intensidad, consciente de que algo está sucediendo a su alrededor. En cambio, ante la aparición de la persona más conocida y querida para él, se produce un aumento del ritmo de su actividad, como si quisiese adelantar el momento en el que obtendrá su más preciada recompensa: su madre.

Tras nueve meses de permanecer en el vientre materno, la unión con la madre sigue latente. Para él su madre es una prolongación de sí mismo y únicamente alrededor de los seis u ocho meses, se dará cuenta de que tiene una autonomía propia. De hecho, entre los brazos de su madre, el bebé experimenta todas las sensaciones: olfativas —como el aroma del cuerpo materno y de la leche—, visuales —como el rostro de su madre—, táctiles —como explorar el pecho con sus manos—, gustativas —como el sabor de la leche— y de bienestar general —cuando recibe mimos y se siente muy cómodo cargado en brazos.

Entre los cuatro y los seis meses, el bebé desarrolla extraordinariamente su capacidad para comunicarse con los demás. De forma gradual, empieza a utilizar una serie infinita de vocablos, como "oh" y "ah", y descubre la posibilidad de unir una consonante a las vocales, estableciendo los cimientos del verdadero lenguaje. Alrededor de los seis meses, casi todos los niños balbucean sus primeras sílabas y, al escuchar hablar a los adultos, memorizan el alfabeto de la que será su lengua materna. Aún no es capaz de comprender el significado de las palabras, pero se ejercita en la imitación de los sonidos que escucha a su alrededor. Esta actividad constituye para él la antesala del lenguaje. Ahora, la visión, que hasta el momento había representado su principal canal de comunicación, ya no es suficiente. Es importante hablar mucho con el niño, leerle cuentos, explicarle algún episodio de la vida diaria, puesto que, si bien todavía es incapaz de descifrar las palabras, puede seguir el sentido de la frase por el tono de la voz, por la expresión de la cara o por los gestos. Gracias a este ejercicio, usted le transmitirá información, ideas y sentimientos importantes para su crecimiento intelectual y afectivo.

Paulatinamente, el bebé empieza a prestar una mayor atención, a sonreír más a aquellos que lo cuidan y, alrededor de los seis meses, podría empezar a dirigirse de manera especial a una persona concreta, que se convertirá en su punto de referencia principal para las fases importantes de su desarrollo. Placer, alegría y deseos son sentimientos que el niño experimenta ya con enorme intensidad y que refleja, sobre todo, en las expresiones de su rostro.

La elección de sus juegos reviste una gran importancia, puesto que constituyen el medio por el que el niño mantiene un primer encuentro concreto y autónomo con la realidad. Le ayudan los juguetes de construcción compuestos de diversos materiales y con formas variadas, ya que contribuyen a su desarrollo táctil. Las sonajas, los muñecos blandos, las alfombras provistas de juegos y los centros de actividad que disponen, en general, de botones de colores que emiten sonidos son juguetes que estimulan su interés por las funciones sensoriales.

Los bebés no son inmunes al estrés. Los niños pequeños también pueden sufrir angustia, misma que se manifiesta con una molestia intensa e insoportable, que no consiguen expresar y que muestran con su cuerpo. Llanto, rechazo a la comida o insomnio pueden indicar a sus padres su malestar y, sobre todo, su gran necesidad de recibir atenciones y afecto. Cada niño tiene su carácter y su personalidad, por lo cual la madre tiene la obligación de entender si algo no funciona y aprender a distinguir una inapetencia provocada por un dolor de barriga o por un determinado estado anímico. No obstante, basta con un poco de sentido común y de respeto a las necesidades del niño para saber qué hacer en las diferentes situaciones. Respetar los tiempos del bebé, además de ayudarlo psicológicamente a concentrarse únicamente en su crecimiento, sin ser trastornado por necesidades o carencias repentinas, sirve entre otras cosas para darle confianza y hacer que se sienta querido y cuidado.

Durante los seis primeros meses, el niño ha ido adquiriendo conciencia de sí mismo y empieza a mostrar claros signos de que percibe su propia existencia como ser autónomo. Llora cuando ve salir a su madre, lo que se conoce como angustia de la separación, intenta esconderse o busca consuelo entre los brazos de mamá si se le acerca un extraño, y le gusta atraer la atención de la gente que está cerca de él y hacerse entender para obtener lo que quiere. En esta etapa, si se le quita un juguete de las manos y se le esconde, él, poco a poco y gateando, intentará encontrarlo. Este gesto aparentemente sin importancia encierra una nueva conciencia: las cosas separadas de él siguen existiendo, aunque momentáneamente hayan desaparecido de su visión. Los psicólogos denominan a este descubrimiento permanencia del objeto. En primer lugar, el niño es capaz de recordar el juguete visto con anterioridad y, sobre todo, de razonar en forma más compleja.

Es durante este periodo, cuando el niño tiene un mayor conocimiento del mundo que lo rodea, que comienzan a manifestarse en él los primeros miedos, que podrían llevarle a intentar recurrir a la protección de sustitutos maternos como el chupón, la cobija o el osito de peluche, si bien el apoyo de sus padres sigue siendo fundamental para un desarrollo sereno y equilibrado. Es importante darle confianza para atenuar la angustia causada por la separación, procurando que se quede con otras personas y que deje que se le acerquen. Los bebés huraños lo son porque no están acostumbrados a relacionarse más que con su madre. Cuando la mamá es aprensiva, el niño lo siente y se contagia del miedo.

También en este periodo, se inicia el descubrimiento de otros niños. Es importante que cuente lo antes posible con un amiguito, con el que obviamente no será capaz de hablar ni de jugar, pero con el que se comunicará a través de la mímica facial, de los gritos y de las manos. El hábito de permanecer con niños de su edad hará que se convierta en un niño sociable y abierto. Cuando el bebé es tímido y sensible es preciso darle confianza y tiempo para acostumbrarse a las novedades. Si continúa presentando timidez e inseguridad habrá que ponerle mucha atención, porque probablemente se trate de un niño emocionalmente vulnerable.

El niño pequeño está dedicado a descubrir el mundo y va adquiriendo conciencia de los peligros que lo rodean y se preocupa de su integridad. La seguridad para él está representada por sus padres y, a pesar de su curiosidad por conocer y tocar el mayor número de cosas posible, puede asustarse por un ruido demasiado fuerte, por la oscuridad de la habitación o por el sonido de un trueno e intentar refugiarse entre los brazos de mamá y papá. Este tipo de reacciones son totalmente normales y no deben dar lugar a la preocupación, aunque el bebé nunca haya manifestado antes temores semejantes. La primera reacción ante el miedo representa una buena señal, pues significa que está tomando conciencia de la realidad que lo rodea y de sí mismo. De esta manera, su vida empieza a construirse en forma cada vez más autónoma. Más adelante, usted contará con los medios para hablar con él sobre sus miedos y afrontarlos juntos; ahora, es demasiado pequeño y basta con limitarse a alejar de él lo que le causa temor y demostrarle con el ejemplo que no hay nada que temer y que siempre puede contar con la protección de sus padres. En esta etapa, su apertura hacia el mundo es máxima; empieza a explorar las cosas que lo rodean y su comportamiento social es cada vez más selectivo. Las mayores sonrisas estarán dedicadas a su madre, mientras que a los conocidos les reservará una mueca y a los desconocidos las miradas más desafiantes y desconfiadas. Cualquier actividad le aburre enseguida, pero nunca se cansa de ser el centro de atención. Si alrededor de los nueve meses se le pone delante un espejo, puede aprender a reconocer su propia cara. Antes, la visión del espejo le resultaba divertida porque veía el reflejo de luces y colores; ahora, puede captar el nexo que une la imagen reflejada consigo mismo y la prueba está en que, mientras se observa, se toca la nariz, la boca o cualquier otra parte que vea reflejada.

Cuando el niño empieza a trasladarse por sí mismo, resulta fundamental que los padres lo vigilen, pero sin invadirlo. Obviamente, es necesario controlar sus movimientos para evitar que tenga un accidente, pero nunca hay que transmitirle una actitud de desconfianza hacia el ambiente ni una sensación de constante peligro.

El niño va siendo cada vez más curioso, activo e independiente. Por un lado, desarrolla su autonomía y, por otro, madura sentimientos completamente nuevos para él, como el miedo a que la madre se aleje, la nostalgia de ella y la desconfianza hacia los extraños. Puede darse el caso de que el bebé manifieste comportamientos contradictorios, que pueden preocupar a los padres. Un niño tranquilo y dulce que se vuelve irascible cuando se le acerca un extraño no está destinado a ser un niño introvertido y nervioso, sino que tiene este tipo de reacción porque ahora es perfectamente capaz de reconocer a las personas y los ambientes familiares, así como de demostrar sus preferencias.

La ocasión principal en la que el pequeño intenta demostrar su independencia y manifestar sus gustos es la hora de comer. Para él es un juego fascinante que sirve para conocer nuevos sabores, manipular alimentos distintos e imitar a mamá y a papá, si bien al principio el uso de la cuchara o de un vaso puede resultar desastroso para las paredes de la cocina. Aunque es más cómodo, coartar sus iniciativas en el momento de la comida resulta contraproducente. Ha de aprender a comportarse como los adultos y para ello necesita explorar las novedades a su manera y experimentar por sí mismo, para lo que precisa de tiempo y de práctica. En esta fase, el bebé está desarrollando la capacidad de llevar a cabo manipulaciones de precisión con los dedos, como hojear las páginas de un libro, recoger una brizna de hierba del suelo o marcar los números de un teléfono de juguete. Si su hijo siente atracción por los dibujos, déjese guiar por él al hojear un libro y muestre atención hacia lo que quiere que usted vea, indicándole los dibujos representados con su nombre exacto.

Ahora, el niño es capaz de seguir las conversaciones de los adultos, responder a las órdenes verbales simples e intentar imitar las palabras que oye. El hecho de hablarle y de seguir sus elecciones en los juegos hará que se sienta más responsable y lo preparará para expresar sus primeras palabras verdaderas. No se debe obligar al pequeño a permanecer solo para hacerle pasar miedo, puesto que las situaciones forzadas podrían crear traumas permanentes. Por el contrario, a partir de este momento, hay que habituar al bebé a la desaparición y a la posterior reaparición de los padres, lo cual le ayudará a entender que la lejanía de los padres es sólo momentánea. Si tiene que dejar a su hijo en la guardería y todavía no ha superado esta fase de miedo, no es muy difícil prever que no se adaptará inmediatamente a estar lejos de usted en un ambiente desconocido. Será preciso que, al principio, se quede con él hasta que se familiarice con el nuevo ambiente.

El niño busca su propia autonomía. Progresa día a día en su capacidad de comunicación: gatea, empieza a caminar, empieza a expresarse con balbuceos seguidos de las primeras palabras, y a utilizar poco a poco y cada vez mejor otros sentidos, como el tacto y el gusto. Sus acciones, del mismo modo que sus sentimientos, están dominados por dos principios fundamentales: el del placer y el del dolor. Su mundo se divide en buenos y malos en función del predominio del primer o del segundo aspecto. Su deseo de ser autónomo y de hacer muchas cosas solo, como los adultos, lo lleva a intentar vestirse, comer o lavarse sin ayuda, rechazando la colaboración de otras personas. Muchas veces los resultados, a pesar del gran empeño que pone, son pobres. No obstante, conviene, si se dispone de tiempo, apartarse y dejar que actúe solo, acudiendo únicamente ante una posible solicitud de ayuda por su parte. Se trata de un comportamiento totalmente normal, que depende del hecho de que ya es plenamente consciente de que es un ser distinto de su madre. Gracias a una mayor madurez física, que le aporta seguridad y que lo proyecta hacia la vida de los adultos, intenta imitarlos al máximo en todos los aspectos.

Es importante hacer que viva estos intentos de autonomía sin que lo regañen o le impidan que actúe por su cuenta, sino animándole y aplaudiendo sus buenas acciones. Si quiere aprender a vestirse, procure ponerle los pantalones cerca de sus pies; él intentará demostrarle que sabe ponerse las prendas.

Alrededor de los 18 meses, el niño vuelve a experimentar el sentimiento de abandono, a pesar de los notables progresos realizados hacia su autonomía. Esta regresión puede estar provocada por la aparición en la vida del niño de acontecimientos desestabilizadores, por ejemplo, la entrada a la guardería o el nacimiento de un hermanito, que lo llevarían a temer que ya no lo quieren. El secreto para afrontar y resolver sus miedos y sus comportamientos excesivos es estar cerca de él todo el tiempo que se pueda, intentando respetar sus tiempos y sus acciones, y ayudándole a entender qué está bien y qué está mal de manera tranquila y gradual.

Alrededor de los dos años, llega el momento del "mío". De hecho, ésta suele ser la primera palabra de la mayoría de los niños. Aprende a defender sus derechos a toda costa, lo cual podría hacerle parecer malo con respecto a otros niños. La agresividad y la competitividad son dos fenómenos naturales y positivos para la socialización. Obviamente, los adultos deben imponer ciertas limitaciones. Sin embargo, es más constructivo, en lugar de recurrir a los castigos, hacer comprender al niño que el comportamiento agresivo es ineficaz y ofrecerle una alternativa válida.

Únicamente con la ayuda de sus padres, el niño podrá habituarse a establecer relaciones sociales con otros niños de la mejor manera y, ya en la guardería, será capaz de entablar sus primeras amistades, que le permitirán aprender a tener nuevos comportamientos, como llevar la iniciativa del juego y seguir las propuestas de los demás, negociar lo que quiere, respetar su turno, practicar en el uso de nuevas palabras, experimentar un nuevo tipo de sentimientos como la simpatía y el afecto hacia un amigo y adquirir mayor seguridad.

La edad del "no", de este modo se define el periodo que va de los dos a los tres años. Caprichos insoportables, arrebatos de ira furibunda y de desobediencia en todos los aspectos representan un tormento para los padres, y para los pequeños constituyen el intento de reafirmar con decisión su propia personalidad. De hecho, únicamente después de cumplir los tres años, los caprichos y la rebeldía se convierten en instrumentos utilizados con cierta astucia para alcanzar objetivos concretos. Es importante adoptar posturas y establecer reglas precisas a las que el pequeño deberá habituarse, sin recurrir a modos bruscos, voces altas o, peor aun, alguna bofetada que sólo serviría para confundirlo. Deje que su hijo exprese su rabia sin darle demasiada importancia; ya se calmará solo. Muéstrese estricto en algunos aspectos irrenunciables y mantenga una absoluta coherencia respecto de los mismos.

70

Alrededor de los dos o tres años, comienza la fase de las preguntas repetitivas que el niño plantea a los padres sobre los temas más variados. El niño se da cuenta, de repente, de la existencia de dos realidades: por un lado están las cosas concretas y visibles, y por el otro las palabras que las representan. No obstante, estos dos mundos no se perciben como distintos; para él la fantasía es realidad y viceversa. En esta fase crucial, su curiosidad es insaciable y desde un primer momento se concentra en los aspectos de la vida familiar que no le quedan claros, para después ampliar el mundo que hay fuera de las paredes de casa, consiguiendo paulatinamente vincular las causas y los efectos.

Normalmente, los pequeños tienden a hacer preguntas a los adultos en los que confían más y es necesario que se les ofrezcan respuestas a su medida, no demasiado eruditas o incomprensibles, sino que se limiten a satisfacer las dudas planteadas sin crear demasiada confusión. Puede que la necesidad insistente de conocer el porqué de las cosas se deba al deseo de atraer la atención y no a una carencia real de nociones. Por consiguiente, lo más importante para los niños no son sólo las respuestas recibidas, sino la certeza de contar siempre con la disponibilidad de sus padres para resolver sus dudas y llenar sus vacíos. En cualquier caso, valdría la pena, si fuese necesario, incitar a los niños más pasivos a realizar preguntas y a ser críticos con las cosas que les rodean, insistiendo (pero no excesivamente) para que manifiesten su opinión y se acostumbren a expresar sus dudas.

El ingreso a una guardería o al preescolar es un momento de trascendencia para el niño. Hasta ahora, la familia ha sido su único punto de referencia. A partir de este momento, gracias al conocimiento de otros niños y de realidades distintas de la suya, tendrá una primera percepción de la complejidad de la realidad.

A partir de los tres años, el niño tiene una fuerte necesidad de aprender y de crecer, y la guardería amplía de repente sus horizontes, le permite conocer a otras personas, establecer amistades y tener experiencias nuevas. Su maduración se produce en los aspectos emocional, social y motor. Aprende a permanecer con otras personas, a administrar sus emociones y a formar día a día su personalidad. Es importante que el niño sienta que su madre está tranquila y que confía en esta nueva experiencia. Es la condición necesaria para que afronte las novedades sin recibir la presión de una excesiva angustia materna.

El papel que el padre desempeña también es determinante, ya que ha de mostrarse comprensivo, confiado y preparado para entender al niño y ayudarle. Al margen de todos los obstáculos y de los comprensibles errores y dudas de los padres, la inmensa mayoría de los niños supera gradualmente los miedos y se adapta a la sociedad, representada por la guardería, de manera más que satisfactoria. Esta experiencia ayudará al niño a afrontar el posterior ingreso en la escuela a la que, además de los habituales problemas de adaptación, se añaden todos los obstáculos relacionados con el hecho de tener que respetar todos los deberes académicos.

Cuando por falta de dominio de uno mismo, el adulto no puede abstenerse de dar golpes, que no intente la excusa falsa del fin educativo, porque esto es una mentira. A un niño no hay que humillarlo nunca. La humillación es siempre destructora. Cuando se le llame la atención jamás debe ser en público. Amenazar al niño con castigos físicos es una actitud perversa que también lo pervierte a él. Si el niño teme a su madre perderá su estimación por ella y la juzgará como lo que es: un ser débil, incapaz de dominarse o, aún peor, un ser frío y sádico.

Los berrinches suelen ser pérdidas de control y frustración extrema. La aceptación por parte de los padres de la ira del niño evita que se reprima e utilice otras salidas indirectas. La ira también puede manifestarse disfrazada de bromas continuas, chismes, sarcasmos, agresividad, ataque a los valores de los adultos, accidentes frecuentes, temores irreales, conducta modelo, depresión y síntomas psicosomáticos. En la formación de un niño berrinchudo, uno o más adultos tomaron parte. El berrinche es una treta que se aprende muy temprano, y una herramienta muy efectiva para conseguir la atención, ya sea en forma de mimos, ruegos, regaños o castigos. Por ejemplo, puede pensar: "Negarme a comer llama la atención de mamá, hace la hora de la comida más larga y ella está más tiempo conmigo."

Órdenes y obediencia

¿Para qué queremos que el niño sea obediente? En esto, los padres deben ser muy honestos y tener muy claros sus motivos y, estos motivos también tendrá que entenderlos el hijo. No estamos diciendo que esté mal que uno de los motivos sea la propia tranquilidad, estamos diciendo que hay que tenerlo muy claro. No caer en la sobada frase justificadora de "por su bien". Sí, ése debe ser el principal motivo detrás de la manera en que educamos a un niño, pero hay que reconocer los otros motivos y asegurarse de que el niño los entienda.

Muchos adultos ven con agrado al niño que no hace más que complacer a los adultos. De lo que no se dan cuenta es de que este comportamiento no es natural. Si no se pone atención al problema se convertirá en un adulto también complaciente del que probablemente abusarán los demás. El niño complaciente es muy cómodo para los padres, pero teme, en el fondo, ser abandonado o que lo dejen de querer. Ya sea que tengamos enfrente a un niño complaciente o a uno rebelde, las órdenes deben tener un motivo muy claro. Si una orden se da para seguridad del niño se le debe explicar que es para evitar un posible peligro; si se le ordena no gritar porque el hermanito está dormido, también debe explicársele este motivo haciéndole ver que, así como los demás lo respetan a él, él debe respetar a los demás. Por supuesto, esto implica que también está siendo respetado.

Las reglas deben ser claras en el hogar y respetadas por todos sus miembros. Es necesario que sean congruentes y estén basadas en el beneficio de la convivencia. No pueden ser variables según el humor de los padres. Un conjunto de reglas claras y congruentes dan al niño un marco de seguridad porque sabrá qué esperar como consecuencia de sus actos. Hay que recordar que está aprendiendo y armarse de paciencia. No siempre aprenderá a la primera y en contadas ocasiones intentará romper las reglas. Lo mejor es mantenerse firme e, insisto, explicar los motivos.

Aquí entramos en el controvertido tema de los castigos: ¿se deben usar?, ¿educan o perjudican? Lo cierto es que la única respuesta es el sentido común. Cualquier castigo que se dicte desde la emoción de la ira, será perjudicial porque no es una medida correctiva, sino una venganza y la aparente corrección será sólo una respuesta de miedo ante el odio que viene de aquellos que se supone más aman al niño. Sí, es muy probable que el niño "no lo vuelva a hacer", pero no porque haya comprendido que es incorrecto, sino porque tendrá miedo al castigo y, pero aún, a la ira de su padre o madre.

El primer paso ante una trasgresión siempre debe ser la comunicación. Esto implica el reconocimiento de que el niño es una persona inteligente capaz de comprender las consecuencias que pueden tener sus actos, no un burro que aprenderá a caminar por la vereda a base de golpes.

La confusión acerca de los castigos comienza muchas veces desde la amenaza. Por un lado, amenaza que no se cumple enseña la lección de que no hay consecuencias, "por lo tanto puedo seguir molestando a mi hermanito". El niño pierde la credibilidad en su progenitor, no sólo en el ámbito de la amenaza, sino en todos los demás. Muchos niños retan a sus padres comportándose mal para ver hasta dónde pueden llegar antes de perder la ca-

74

beza y cumplir la amenaza. Es una forma de ir midiendo el margen que tienen para romper las reglas. El problema es que harán lo mismo conforme se vayan integrando a la sociedad. Un niño puede empezar a robar dulces en la tienda, no por robar, sino para ver hasta dónde puede llegar antes de que lo atrapen.

La otra amenaza, la que sí se cumple, hará que el menor obedezca las órdenes pero no porque la entienda, simplemente por miedo. Así vemos, que la amenaza en ambos casos es perjudicial. Queremos que el niño aprenda a vivir en sociedad comprendiendo las reglas que garantizan la armonía de la convivencia, la importancia de respetar y ser respetado. Hay una gran diferencia entre castigo y medida correctiva. Si se usa el sentido común, es muy diferente aplicar una medida correctiva, explicando siempre los motivos, a dictar un castigo por enojo y después llamarlo medida correctiva para justificar la culpa que viene tras haber actuado erróneamente. Esa justificación podrá o no aliviar la culpa, pero al niño lastimado no le servirá de nada.

Las medidas correctivas deben tener siempre una finalidad: enseñar al niño a enfrentar las consecuencias de sus propios actos, a hacerse responsable de sí mismo. Esto no significa que los padres deban ocultar sus sentimientos y fingir que nunca se enojan. Es importante que el niño comprenda también que sus actos irresponsables hacen daño a los demás, que sepa que aunque es querido, en ese momento ha hecho sentir mal a otro. Los niños tienen la capacidad de entender lo que sucede si se les explica, siempre y cuando la explicación sea congruente.

El engaño de las expectativas, la exigencia de la perfección

La mayoría de los padres quiere que sus hijos sean felices, el problema es que quiere que lo sean de acuerdo a sus parámetros.

Ven a sus hijos a través de los filtros de la inexperiencia, las normas ajenas, sus conflictos no resueltos, sus necesidades insatisfechas y sus valores culturales. Los filtros se transforman en expectativas, de acuerdo con las cuales medimos a nuestros hijos, e influyen la forma en que los tratamos. Cuando las expectativas de los padres no se ajustan a su hijo y a su etapa de crecimiento en particular, lo más probable es que se sientan decepcionados por eso. Cuando el niño siente constantemente que no cumple con lo que sus padres esperan de él, pierde el respeto por sí mismo, se siente derrotado frente a metas que sabe no podrá alcanzar.

Tal vez creamos que lo mejor para que nuestro hijo tenga una vida feliz, es que se convierta en un profesionista destacado, se case de acuerdo a las tradiciones familiares y forme una familia "bonita". Pero es posible que, por su naturaleza individual, éste no sea el tipo de vida que lo haga feliz. Nuestras expectativas tienen más probabilidades de ser justas cuando se fundan en los hechos del desarrollo del niño, la observación alerta y la sensibilidad respecto de las presiones sufridas por nuestro hijo en el pasado y en el presente.

Hoy en día es común ver a los padres hacer todo para que sus hijos sean competitivos y, sobre todo, para que sean campeones. Vemos a los niños atiborrados de clases extraescolares como deportes, idiomas y talleres de todo tipo. No se dan cuenta de que el tiempo que ocupan los niños en jugar es muy valioso para su aprendizaje. Es cuando el niño aprende a través de la experiencia del ensayo y error, y donde desarrolla realmente su creatividad. Es el tiempo donde descubre quién es en realidad, no quien le dicen otros que es o debe ser.

A una madre de ocho hijos se le preguntó qué pediría para cada uno de sus hijos si algún genio de la botella le ofreciera ocho deseos. Inmediatamente contestó que para Pedrito pediría que se casara con una buena mujer y sentara cabeza, para Teresita que volviera con su marido, para Pablito que entrara a la universidad, y así siguió uno por uno mencionando aquello que a ella le parecía lo mejor para sus hijos. Entonces se le preguntó si no preferiría mejor pedir que cada uno fuera feliz. Puso cara de preocupación y nos dijo: "¿Y qué tal si resulta que Pedrito es feliz viviendo como pordiosero?, me daría tanta vergüenza". Ella no deseaba realmente la felicidad de sus hijos, deseaba que llenaran sus expectativas y las de otros. Estaba más preocupada por el estúpido "qué dirán" que por aquellos que aseguraba amar más que nada en el mundo. "No me decepciones" suele ser la típica frase de los padres egoístas. La frase correcta de un padre o una madre que realmente ama a su hijo sería "No te decepciones a ti mismo".

Muchos padres desean honestamente que sus niños tengan una vida mejor de la que ellos tuvieron, por eso quieren que estén mejor preparados. Con este objetivo, ejercen una presión continua sobre el niño sin darse cuenta de que lo que en realidad están buscando es satisfacer todas las carencias que ellos mismos llevan en su interior. Cuanto más satisfechos nos sintamos como personas, tanto menores serán las presiones no realistas que ejerzamos sobre nuestros hijos.

Es muy importante que cada padre y cada madre revise con honestidad sus expectativas, porque muy frecuentemente están fuera de lugar y ni siquiera se ha dado cuenta. Y digo *honestamente* porque detrás de muchas expectativas sólo hay un gran egoísmo. Una madre quería que su hijo fuera el primero de su clase y lo presionaba constantemente para lograrlo. Todo parecía estar muy bien, el niño lo estaba consiguiendo hasta que presentó una crisis nerviosa. Cuando le preguntamos a la madre para qué quería ese primer lugar, por qué era tan importante, terminó reconociendo que era ella quien necesitaba elevar su autoestima y buscaba lograr esto presumiendo lo buena madre que era al estar criando al mejor alumno de la escuela. ¿Puede usted ver la paradoja? Al intentar ser la mejor madre estaba destruyendo la felicidad y la salud emocional de su hijo.

Muchos padres se esmeran en exigir a sus hijos un grado de perfección inalcanzable. Como el niño nunca puede hacer algo perfectamente bien, crece con la idea de no ser capaz y la creencia de que no importa lo que haga ni qué tan bien lo haga, siempre se quedará con la sensación de que pudo hacerlo mejor. Muchos adultos, en el curso de la terapia, se dan cuenta de que, aunque sus padres dejaron de existir, ellos siguen tratando de cumplir con sus expectativas. Otros que respondieron con rebeldía temen el éxito porque en el fondo creen que triunfar en algo es capitular y dar gusto al padre perfeccionista. Incrementar sistemáticamente las exigencias a sus hijos o exacerbar la competitividad y el culto al triunfo pueden convertirse en malos tratos psicológicos capaces de lesionar seriamente la personalidad de los menores. Esto puede ser suficiente para que fracase en la escuela, se vuelva dependiente de drogas o se suicide. Sin embargo, el extremo opuesto, no ocuparse de ellos, es igualmente nocivo para su desarrollo personal.

Los padres deben ser un buen modelo para sus hijos, pero esto no quiere decir que los niños tengan que convertirse en lo que el padre es. Los padres que han llegado lejos muchas veces esperan que el hijo los alcance y los supere en su misma profesión, que "siga sus pasos". Estos padres ejercen una presión que puede llegar a ser intolerable para el hijo, especialmente si sus inclinaciones no tienen nada que ver con la profesión del padre. Generalmente se rebelan. Los que no lo hacen, tratan de complacer al padre y se convierten en profesionistas mediocres y frustrados por haber negado sus verdaderas inclinaciones renunciando a aquello en lo que pudieron realizarse. Es el caso de muchos hijos con padres encumbrados. Uno se pregunta por qué, siendo el padre o la madre tan brillante, los hijos no se esfuerzan por ser alguien también destacado. Lo que ocurre es que desde niños han tirado la toalla. Lo que se espera de ellos es demasiado y saben que no lo pueden lograr. No están dispuestos a competir contra estas figuras que lo acaparan todo.

Testimonio de un adulto de 35 años

Mi padre fue un gran personaje, todo mundo lo admiraba. Sus éxitos como médico le dieron un gran prestigio. Su excelente carácter y el respeto con el que trataba a todas las personas hacían que fuera muy querido en todos los ámbitos: el profesional, el familiar y el social.

Crecí siendo el hijo de ese personaje maravilloso al que todos alababan. "Tu padre es una gran persona", "Es el hombre más recto, el más generoso, el mejor médico, el más agradable", "Sigue su ejemplo, ojalá llegues a ser como él". A los seis años ya me había dado cuenta de que nunca podría ser como él. ¿Cómo iba yo a ser tan recto si a veces decía mentiras? ¿Cómo iba a ser médico si no me gustaban los enfermos? ¿Cómo podría llegar a ser tan maravilloso si ni siquiera tenía una identidad propia? Y es que jamás recibía un halago por mis logros pero sí recibía muchos por ser "el hijo del doctor". En realidad ni siquiera sabía quién era yo.

Con trabajos terminé la preparatoria. Recuerdo que me inscribí en la Facultad de Filosofía y Letras, no porque me atrajera la profesión, sino para darle en la torre a mis padres. Siempre criticaron esas carreras diciendo que no eran prácticas y que no servían más que para terminar dando clases en alguna escuelita. La verdad es que la carrera ni me gustaba ni obtenía buenas calificaciones, pero continué hasta el quinto semestre también porque no tenía idea de qué quería ni de para qué servía. Finalmente la dejé y conseguí un trabajo rutinario en el que no se requería pensar, hacía todo el tiempo lo mismo.

Como no soportaba la presión de mis padres me fui a vivir con mi abuela materna porque con mi sueldito no me podía mantener. Entonces la descubrí y fue el salvavidas de mi vida. Casi no la conocía porque, como era de origen humilde e indígena, mi madre, quien se había convertido en "gente de sociedad" al casarse con mi padre, la había hecho a un lado. De ella escuché por primera vez en la vida las palabras "No tienes que ser como tu papá, no tienes que ser como nadie".

La aceptación incondicional de mi abuela me salvó la vida, sí. Pero me tomó varios años descubrir quién era yo y qué quería hacer de mi vida. Hubo mucho tiempo perdido. No pude volver a la universidad porque mi abuela dejó de recibir ayuda económica de mis padres (por haberme recibido) y tuve que ayudarle, no mantenerla porque hasta el final trabajó haciendo chambritas que le compraban en una tienda "exclusiva" de ropa para bebés.

Ahora sé que hubiera sido un buen ingeniero. Descubrí que la mecánica es lo mío. Cambié mi trabajito de oficina por el de aprendiz de mecánico y aprendí rápido. Soy un buen mecánico y estoy ahorrando para poner mi propio taller. Con mis padres no cuento a pesar de que tienen todo el dinero del mundo. Me lo dejaron muy claro: "Si te vas de la casa dejas de ser nuestro hijo". Y así fue.

Los abuelos son importantes

El nacimiento de un niño les cambia la vida no sólo a la mamá y el papá, que se encuentran cargados de distintas responsabilidades, sino también a los abuelos, quienes adquieren un nuevo papel, sobre todo si están cerca. Contar con la presencia y con la disponibilidad de los abuelos es un recurso muy valioso, no sólo tras el nacimiento del bebé, cuando especialmente las abuelas pueden proporcionar una ayuda práctica y una serie de consejos útiles para cuidar al pequeño, sino también cuando la pareja desee concederse unas horas de merecida libertad, sin que esto significa cargarlos con la responsabilidad de encargarse de ellos todos los días. A menos que los abuelos sean personas que pueden perjudicar al niño por tener algún problema como ser alcohólicos activos o abusadores, en cuyo caso es mejor evitar la relación, éstos pueden ser un elemento beneficioso para el desarrollo de una autoestima fuerte.

El papel de los abuelos no debe confundirse con el de los padres. Ser abuelo es una nueva experiencia. Antes, como padres, eran el punto de referencia de la vida de los hijos, ahora, como abuelos, se ven obligados a ceder el "mando" y a compartir con sus consuegros el amor, el tiempo y la atención de los nietos. No siempre este papel "secundario" es fácil de aceptar. En ocasiones, el gran amor que sienten por sus nietos y las ganas de sentirse útiles y de ocuparse del recién nacido pueden considerarse como una invasión, por lo que el papel de los abuelos ha de ser discreto y nunca impuesto.

El respeto a las decisiones de los padres del nieto es imperativo, aunque no siempre estén de acuerdo. A los papás les corresponde el deber de criar al niño y de tomar las decisiones fundamentales, si bien en muchas ocasiones detrás de excelentes padres hay unos excelentes abuelos, que saben escoger los momentos oportunos para aconsejar, ayudar y apoyar a los hijos y ejercer un papel de primera línea en la vida de sus nietos. El papel de los abuelos encierra en sí mismo enormes satisfacciones. Muchas veces se da el caso de padres represivos y estrictos, que después se transforman en abuelos dulces y llenos de atenciones. Esto sucede porque ahora se concentran en los aspectos más agradables del cuidado del niño y no en la parte educativa. Los padres tienen el deber de imponer las reglas, manejar los problemas y organizar la vida del pequeño durante todo el día. En cambio, a los abuelos les corresponde un papel de apoyo, temporal, cuya función principal es la de convivir de la mejor manera posible unas horas con su nieto, horas en las que ambos pueden ser muy felices.

Los abuelos tienen la posibilidad, y en ciertos casos el deber, de dejar los problemas sustanciales que afectan al niño en manos de sus padres, estableciendo con los nietos una relación más ligera, no exenta de responsabilidad, pero concentrada en los momentos que se viven juntos intensamente, dejando para los padres los deberes menos placenteros. Es importante mantener una distinción clara de los papeles. Por consiguiente, es justo que los abuelos, en ausencia de los padres, concedan algunos caprichos a los nietos y que adopten, en su justa medida, reglas diferentes, que sin embargo no choquen con las impuestas por sus padres. En la vida de los niños la presencia de los abuelos tiene gran importancia. No obstante, es necesario que entre los padres y los abuelos exista una relación serena, definida y leal, libre de celos y en la que cada uno respete las exigencias y las costumbres del otro.

Los padres no deben abusar de la disponibilidad de los abuelos, sino respetar sus ideas y consejos e intentar exponer desde el principio de manera clara y concisa las reglas que afectan al pequeño, haciendo entender a los abuelos cuando se muestran invasores que, si bien su ayuda es importante, necesitan momentos de intimidad familiar absolutamente indispensables. Los abuelos pueden prestar su ayuda y apoyo pero de manera libre y no forzada, así como intentar llevar la relación con los nuevos padres respetando su papel, sin intervenir con críticas o con soluciones fáciles, sino limitándose a aconsejar y a apoyar a la nueva familia. Una buena relación entre padres y abuelos ofrece al bebé la oportunidad irrepetible de poder contar también con estos últimos para crecer, mimado de la mejor de las maneras y sintiéndose amado.

Educación para la vida. La escuela y la vida social

Es preciso tener desde el principio una idea clara de lo que entendemos por educación para la vida a partir del nacimiento y es necesario entrar en los detalles del problema. El primer líder político que expresa la importancia de entender la educación a través de la vida y viceversa es Ghandi. No sólo enunció la necesidad de extender la educación a todo el curso de la vida, sino también de convertir la *defensa de la vida* en centro de la educación. Este concepto total de educación, sin embargo, aún no ha entrado en el campo de acción de ningún ministerio de instrucción pública.

Actualmente, la educación es rica en métodos, intenciones y finalidades sociales; pero no se puede decir que tome en consideración la vida en sí misma. La educación, tal como se concibe, prescinde de la vida biológica y social a la vez. Los estudiantes deben seguir las normas preestablecidas del instituto del que son alumnos y deben adaptarse a los programas recomendados. Sin embargo, la mayoría de las veces se deja de lado su situación económica o sus problemas físicos para que pueda seguir estas normas en su máximo potencial. Es decir, al sistema educativo se le ha olvidado ver a cada estudiante como individuo, con su particular visión del mundo a partir de su experiencia, y se ha concretado a forzar que los estudiantes, como grupo, cumplan con los programas dictados. La educación debe verse en un ámbito interdisciplinario. El estudiante universitario puede estudiar su carrera manifestando, al mismo tiempo, su incomodidad ante las políticas o posturas sociales de su país o del mundo sin que esto lo "distraiga" de sus estudios. Por el contrario, el estudiante que se interesa por su vida y su mundo, tendrá más cultura y estará más preparado. Debemos olvidarnos que la educación se trata de recibir una calificación, un grado o un diploma, en el mejor de los casos. De nada sirve que su niño saque puro diez si va a ser incapaz de resolver sus propios problemas. La sociedad y la escuela están separadas. Un niño comienza a ir a la escuela a los seis años de edad. A preescolar ingresa unos dos años antes. Pero entonces, ¿qué es la educación del niño esos primeros cuatro años? La madre está a cargo de la criatura, pero una vez que entra al sistema escolar, generalmente se desentiende de la educación. Se suele pensar que la escuela y la familia no tienen la misma función; pero esto no debería ser así. María Montessori enfatizaba la importancia del concepto de una educación que asumiera la vida como centro de su propia función; la educación no debía basarse en un programa preestablecido sino en el conocimiento de la vida humana. Para educar, hay que conocer las leyes naturales del desarrollo del hombre, en especial del infantil. Un bebé, como menciono, se dedica a explorar su mundo. A partir de la observación y experimentación del bebé, el adulto puede ayudarle a entender al mundo. Sin embargo, la historia de la educación ha hecho las cosas al revés. Queremos enseñarle al niño a partir de reglas de lo que "debe ser y hacer" y no a partir de sus propias inquietudes. En este sentido, no hay normas escritas para la educación de un niño. Su exploración va siendo la guía para poder ayudarlo y para enseñarlo. La creación de un hombre y de una mujer tiene que ver con el niño que algún día fueron. Es mentira pensar que lo que es una criatura es obra de la madre o la maestra. Por el contrario, lo que se va construyendo en el niño se debe a su propia conquista y así debemos reconocerlo. Es el niño el que se apropia del mundo, lo conoce y lo reconoce. No se trata de herencia genética ni educativa, se trata de cómo el niño absorbe el ambiente que lo rodea y plasma por sí mismo al adulto en el que se ha de convertir. No quiero disminuir la importancia de los padres en la educación y el crecimiento de los hijos. Éstos, como ya he dicho, son primordiales y básicos. Pero debemos entender que no son constructores sino colaboradores en el desarrollo del niño. La verdadera autoridad y dignidad de los padres está en la ayuda que les prestan a sus hijos. Reconociendo los derechos de los niños y satisfaciendo sus necesidades ayudaremos a crear mejores hombres, más cultos y más capaces para enfrentar su mundo y su sociedad, y la humanidad se verá beneficiada. Cada niño hoy es un adulto mañana. El apoyo y la comprensión que hoy les demos, en un entorno total que incluya la escuela y la casa como un mismo mundo, se verá reflejado en la vida que ellos decidan cuando sean grandes. La educación es un fin común que envuelve a madres, padres, jefes de Estado y sistemas de docencia y pedagogía. Su función es la de ayudar a construir y a desarrollar las inmensas potencialidades de las que está dotado el niño. Es así como la educación se entenderá como una pieza angular para el desarrollo del hombre como un individuo y un ser social.

4. Violencia

Muchos padres esgrimen la violencia como argumento contra la razón. Los padres violentos asumen que el hijo es de su propiedad y, a base de ejercer un control brutal, el niño crece con una total falta de autoestima. Se vuelve incapaz de reaccionar porque la fuerza y autoridad aplastante de los adultos lo silencian y pueden incluso hacerle perder conciencia. Bebés, niños y adolescentes de ambos sexos son víctimas de distintas formas de maltrato que van desde el abuso sexual y los golpes hasta la violencia psicológica y el abandono. Dentro del confinamiento de su propio hogar, el niño es una víctima acorralada.

El poder sobre los hijos es algo que no encuentra muchos obstáculos y se detenta de manera natural. Las constantes golpizas, humillaciones, vejaciones y amenazas afianzan ese poder y demuestran quién lo ejerce. En ocasiones, el progenitor violento elige una sola víctima entre varios hijos. Todos sus defectos serán resaltados y se le comparará con sus hermanos cada vez que cometa el más leve error. Este niño no contará con el apoyo de sus hermanos, que difícilmente percibirán las agresiones.

El cónyuge del padre agresor también es su víctima y no presta apoyo al menor maltratado haciendo que se sienta solo en el mundo. Frecuentemente defiende a su pareja y trata de excusar o justificar su conducta. Así, se convierte en cómplice de la violencia y la situación se agrava cuando se retira para dejar al menor solo frente a los ataques de su verdugo.

Los niños aprenden de los padres y de los medios de comunicación (televisión, cine, tiras cómicas, etc.) el ejercicio de la violencia como medio para resolver problemas. En una familia de dos o más hermanos se empieza a dar una lucha de poder en la que, si hay un niño vulnerable, será dominado por los otros ya sea a golpes o verbalmente. Todo parece un juego de niños y frecuentemente los padres dejan pasar la situación o aplican un castigo, también violento, reforzando así el aprendizaje de que la violencia es un instrumento para resolver conflictos. Desgraciadamente, pocos son los padres que enseñan a los niños a resolver las diferencias por medio del diálogo. En la edad adulta, estos niños violentos pueden aparentar quererse, pero el odio despierta cuando se presentan situaciones como la repartición de una herencia. Muchas familias han terminado separadas así.

En el programa de radio, hemos recibido gran cantidad de testimonios de mujeres que de niñas fueron violadas por sus hermanos mayores. Estos muchachos, educados en el machismo, creen que las mujeres son seres inferiores que pueden utilizar a su antojo. Por la misma educación, la niña ha sido condicionada a la sumisión. El hombre suele ser el consentido de la madre, quien se sacrifica por atenderlo mostrando una preferencia que deja a la niña indefensa.

No es raro que una madre o un padre tengan un hijo favorito, mostrando actitudes que generarán resentimientos y falta de autoestima en los hermanos, especialmente en aquellos con una personalidad vulnerable. Las comparaciones continuas que hacen este tipo de padres van dañando la imagen que un niño tiene de sí mismo hasta que se convence de ser inferior e inadecuado, pero también fomentando un odio hacia el hermano que tarde o temprano estallará en alguna forma de violencia. Cuando los padres comparan, los hijos compiten para conseguir un sitio especial ante ellos y, en esta competencia, los hermanos ejercen diferentes tipos de violencia. En la Biblia se describe cómo José es vendido por sus hermanos (Génesis 37, 25).

Hay madres que abiertamente ponen a un hermano contra otro. También en la Biblia, Rebeca aconseja a su hijo Jacob para que engañe a su padre ciego y suplante a su hermano de manera que reciba las bendiciones que le correspondían al otro por ser el primogénito (Génesis 27).

Golpes físicos

Los golpes son una medida brutal, indigna y perniciosa. Su lógica siempre es absurda. En realidad el adulto, al golpear, está castigando su propia obra o la de quien haya criado al niño. Se le pega al niño porque es una manera cómoda y fácil de someterlo, de reducirlo a la obediencia. Pero es una comodidad criminal y jamás está justificada. "Es que me hizo perder la paciencia" dicen muchas madres. Quien perdió la paciencia fue usted, él no tendría que recibir el golpe por un problema que tiene usted. Tal vez el golpe sea el único medio que conoce para hacerlo obedecer, pero ¿sabe qué?: es el peor que existe. Está criando a su hijo bajo la ley del miedo y éste suele convertirse en odio. Muchos niños y adultos odian a sus padres. Aunque no lo digan ni lo demuestren, lo sienten. Los niños que aprenden a odiar a sus padres quedan preparados para odiar al prójimo.

Si en el momento de pegarle al niño, el adulto está colérico, cosa que suele ocurrir, al error se agrega otra agravante. El niño percibe y absorbe como una esponja el sentimiento de ira que explota detrás del golpe y sabe que el adulto no le pega para que obedezca, sino porque necesita descargar o aliviar una tensión que le produjo alguien más y que, quien lo golpea, cobardemente no se atrevió a descargar con el verdadero causante de su ira. Éste es el caso de la mayoría de los castigos corporales y los hijos se convierten así en los receptores de la cólera de sus padres. Con el tiempo, es muy probable que el niño olvide el error o pretexto por el que lo golpearon, lo que sí recordará muy bien es la ira que se descargó en su contra. Muchos pacientes suelen decir: "Recuerdo que una noche mi padre me golpeó con tanta furia que pensé que me iba a matar. No recuerdo qué fue lo que hice, sólo recuerdo la golpiza". Si usted no puede controlar sus arranques de ira, acuda a un psicoterapeuta.

Un alto porcentaje de menores de edad es víctima de maltrato físico y emocional, principalmente por parte de la madre, quien desesperada por no encontrar la forma de controlar y corregir al menor, se excede y le provoca lesiones severas e incluso la muerte. Con frecuencia estos casos son detectados en centros de salud y esos niños son pacientes, o mejor dicho, clientes cotidianos en las salas de emergencias.

Testimonio del doctor Jorge R. Pérez Espinosa del Capsim (Centro de Ayuda Psicológica para Mamás)

En el Centro contamos con una sección dedicada exclusivamente a la atención psicológica para madres golpeadoras. Las madres que acuden, lo hacen porque de alguna manera ya tocaron fondo, es decir, percibieron que ya están cerca del peligro de causar un daño irreversible a sus hijos o incluso la muerte. Pero lo que en realidad temen es ir a dar a la cárcel. Llegan llorando y diciendo: "Necesito algo que me detenga". Quieren detenerse en el maltrato pero no pueden.

Maltratan igual a niños que a niñas, pero existen ciertos rasgos en la personalidad y carácter de estos niños que aumentan el factor de riesgo de que la madre golpeadora arremeta contra ellos. Suelen poseer características de la madre que ella no pudo resolver, por ejemplo timidez, desobediencia o bajas calificaciones. El niño es un reflejo de las cosas que ella no tolera en sí misma. La mayoría son niños que no fueron deseados. Existe un factor de riesgo cuando el niño no cumple el narcisismo de la madre. Un ejemplo muy claro es cuando una mujer de piel clara y con cierta belleza se casa con un padre feo, muy moreno y de baja estatura. Cuando nace el niño con las características del padre, la madre se decepciona. Más adelante, al llevarlo a la escuela lo compara con los demás niños y se avergüenza.

Otro caso común es cuando la madre tiene envidia del niño. Hay matrimonios en los que la niña es la manzana de la discordia porque su padre la consiente demasiado y esto provoca la envidia de la madre. Los castigos que le da son muy severos porque la niña tiene el padre que la madre nunca tuvo. Está también lo que llamamos el niño "iceberg". En este caso la madre sólo percibe una pequeña porción de lo que es el niño, sólo ve lo que ella quiere ver. Considera que el niño no entiende nada y sólo lo toma en cuenta cuando se trata de algo que ella cree que puede entender. En su mente lo considera muy poca cosa y lo trata como inadecuado. Tenemos también al niño que demanda cariño y afecto; quiere abrazar a su madre pero ella no puede tolerarlo y lo rechaza.

Para la madre, todos los hijos nacen por un motivo y éste puede ser el factor de rechazo cuando no corresponde al sentido natural de la maternidad. Tenemos un caso de una mujer joven que ya había planeado casarse, pero pensó que para asegurar el matrimonio tenía que embarazarse y así lo hizo. Después se casó, y el hijo ya no tenía razón de ser por lo que se convirtió en un estorbo.

Otro sentido desviado es cuando la mujer se embaraza con el fin de retener a su pareja, algunas mujeres casadas con hombres menores temen que su esposo las deje por una mujer más joven y se embarazan con el fin de asegurarlo. Lo mismo ocurre con mujeres que, al ver amenazado su matrimonio, intentan retener al marido con un embarazo. Existen también muchos embarazos intencionales de mujeres que quieren, con esto, lograr que el hombre "les cumpla" y obligarlo a casarse.

Estas madres no tienen la capacidad de ligarse afectivamente. Se han quedado en la etapa infantil de sus necesidades no resueltas y son completamente egoístas. No están para dar, sólo para recibir. Padecen de incapacidad para vincularse afectivamente, pero no ejercen la violencia con todos los hijos sino que eligen a uno en especial, con frecuencia aquel que presente más factores de riesgo. No sienten ningún afecto por su hijo y se desesperan con sólo ver al niño. En el mundo exterior estas madres son como cualquier otra. Pueden ser profesionistas y tener un elevado nivel intelectual, pero tienen hijos que simplemente no desearon. Algunas madres llegan a reconocer abiertamente que no quieren a sus hijos y desean que se vayan. Es común que los dejen con la abuela y jamás regresen por ellos.

Las madres de niños especiales con alguna discapacidad están más conscientes de la verdad y lo viven como un destino hacia el fracaso porque saben que, no importa cuánto se esfuercen, el futuro está condenado. Una madre confiesa que le tolera a su hijo todas sus limitaciones y defectos, hasta el hecho de que no sea inteligente, pero no pudo tolerar un insulto. Su deseo más profundo es que fallezca. Estas madres tienen mucha culpa. Los niños especiales tienen madres más conscientes porque se desgastan mucho, ya que el cuidado es intenso, y se alejan más de su pareja. En el centro tratamos de enseñarles que lo importante no es amarlos sino respetarlos. El maltrato comienza desde el momento en el cual se sienten obligadas a amar a sus hijos por el hecho de ser madres ante la sociedad y ante Dios.

Noventa por ciento de las madres atendidas en el centro son casadas y el esposo no las puede detener. Los maridos de todas ellas son dependientes emocionalmente. Más que esposos son como hijos mayores. Cuando ellas se enojan les piden el divorcio (siempre de mentira) y ellos entran en pánico. Estos padres sólo aconsejan a su hijo que mejor ya se porte bien y no haga enojar a su mamá. El noventa y ocho por ciento de estas madres sufrieron abuso sexual en la infancia, lo que las predispone contra sus propias hijas.

Estas madres desearían que sus hijos se defendieran, que les dijeran algo así como "Ya no me pegues, vieja bruja". Cuando el niño se somete, la madre se enfurece más y le pega aún más. Si el niño se defiende, la madre, en el fondo, se siente a gusto porque de esta manera ya no se siente tan culpable. Son muy voraces y extremadamente demandantes. Cuando vienen al centro siempre están demandando más tiempo, más atención, que se les cobre menos y todas quieren el mejor sitio, tienen una gran necesidad de recibir. No toleran las fallas y suelen crucificar a quien comete un error. Son controladoras al 100 por ciento. No permiten que sus hijos crezcan y lo hacen de manera sutil. Les preguntan si ya se amarraron las agujetas mientras ellas lo hacen. No desean que el niño reflexione. Suponen mucho y preguntan poco. No se cuestionan qué pasa con el hijo porque creen que ellas lo saben todo. Cuando hacen preguntas al niño lo hacen en forma de interrogatorio acusatorio. Son madres manipuladoras y manipulan de múltiples maneras, siempre utilizando la culpa y el chantaje para obtener lo que desean. No les interesa servir a los demás, menos a sus hijos, y quisieran que éstos fueran autosuficientes.

Les falla el control de impulsos y afectos en todas las áreas de su vida, pero se controlan afuera y descargan su ira con los hijos. Pueden entablar cierta amistad siempre y cuando no sea ni muy continua ni muy cercana. Rechazan la cercanía. No son depresivas. La madre depresiva no tiene fuerza para golpear, más bien abandona a los hijos. Son madres que sienten el deseo de dañar al hijo y, en los casos más extremos, de que se muera. No son conscientes de nada de esto y sólo a lo largo de la terapia algunas lo llegan a reconocer. Una madre decía: "Si me la piden la regalo, pero mi esposo no quiere". Todas ellas consideran que el embarazo fue un error. Traen el impulso sadomasoquista porque vivieron de niñas la agresión y ahora ellas son sádicas. Una vez que empiezan a golpear no pueden detenerse hasta que han descargado completamente su ira.

Los factores que detonan el arranque violento de la madre son muchos, pero el que desata las peores agresiones es la rebeldía. Lo que menos tolera una madre enferma es el reto abierto por parte del hijo, por ejemplo cuando contesta: "No lo voy a hacer, ¿y qué?". El reto es la principal causa que detona la violencia porque significa una renuncia mutua. El segundo factor detonador es cuando el hijo muestra alguna debilidad que a ella le choca. El tercer factor es la baja tolerancia a la frustración, basta con que el hijo se equivoque por segunda vez para que empiece la golpiza.

Estas mujeres no toleran que alguien más sea feliz mientras ellas sufren, preferirían que todo mundo sufriera lo mismo con tal de que otros no tengan la felicidad. La mayoría no son productivas por su alta dependencia y su constante búsqueda de culpables. No reconocen sus errores, todo es culpa de alguien más. Cuando acuden por primera vez al Centro no lo hacen creyendo que son ellas las que tienen un problema sino sus hijos. Éste es el común denominador, y vienen esperando una confirmación. Suponen que aquí les vamos a dar la razón y les proporcionaremos una receta para arreglar al hijo.

El maltrato no es difícil de erradicar, el problema es que cuando una madre deja de maltratar, pierde el sentido de su vida. Se deprime porque ya no gira alrededor de su víctima. Estas madres están muy pendientes de todo lo que el niño hace y viven pendientes de él esperando que cometa el más mínimo error. Parte de la terapia consiste en buscarle otro sentido a su vida, porque si no lo encuentran vuelven a maltratar. Nosotros sugerimos al menos diez sesiones para que logren tener conciencia. Cuando se dan cuenta de que tienen ese deseo de destrucción, muchas desertan. Esto ocurre porque en esa toma de conciencia tienen que renunciar a todos los pretextos que utilizaban para justificar sus arranques violentos como "Es que no estudia", "No obedece", etcétera. Ante cualquier sugerencia que se les hace en la terapia se ponen a la defensiva. No escuchan o lo hacen muy poco. Al buscar soluciones quieren recetas de cocina. No cumplen las sugerencias que se les hacen porque están acostumbradas a la rebeldía. Encontramos desde madres bastante cuerdas hasta algunas muy enfermas, como una que se embarazó solamente para saber qué se sentía

94

abortar. En sus otras áreas de la vida son como cualquier otra persona. Su conducta cotidiana es amable pero critican mucho y son intolerantes y rígidas en su forma de ver y de pensar.

Estas madres ejercen la violencia física, emocional, sexual o de negligencia contra sus hijos. Utilizan la violencia emocional porque es muy dolorosa y sobre todo porque deja secuelas. Saben dónde dar para paralizar al niño. Están acostumbradas a encontrar el defecto que acongoja al niño y señalarlo o utilizarlo en su contra. Un ejemplo muy común es cuando a un niño con enuresis (incontinencia) la madre le condiciona el cumplimiento de algún deseo a una serie de méritos, incluyendo tres días de no mojar la cama. El niño puede cumplir todas las demás condiciones excepto ésa y la madre se vale de esto para no cumplir el deseo. Éste es un juego con premeditación, alevosía y ventaja en el que la madre sabe de antemano que el niño lleva las de perder. La madre utiliza el defecto o carencia del niño como un arma para colocarlo en un sitio donde ya no se puede mover. Suele detectar cualquier falla emocional para utilizarla en su contra y paralizarlo. La esencia de la violencia emocional es generar en el niño una destrucción porque la madre se siente destruida. Los niños aprenden esta violencia, la perfeccionan y después, en la edad adulta, se desquitan.

El rechazo es un arma de la violencia emocional. Una de las tácticas más comunes es la "ley del hielo". La madre, repentinamente deja de dirigirle la palabra al menor. El niño enloquece porque no sabe qué fue lo que hizo y esto no le da oportunidad de reparar el daño. En muchos de estos niños se presenta el Síndrome de Estocolmo. Se le ha llamado así a partir de un secuestro famoso que hubo en Estocolmo en el que, durante el asalto a un banco, los rehenes sintieron afecto por sus secuestradores. De la misma manera, los niños, que por naturaleza no quieren perder a su madre, ya que esto les significaría un vacío, sienten cariño por ella a pesar del maltrato y por tanto se acostumbran a él.

Las madres primero llaman vía telefónica al Centro y se les da una cita individual. En esta cita la madre responde un cuestionario acerca de sus razones para acudir al Centro, el tipo de violencia que ejerce, los motivos por los que la ejerce, cómo empezó su problema, cómo afecta otros aspectos de su vida, qué ha hecho para solucionarlo, cómo maltrata a sus hijos, qué le agrada o desagrada de sus hijos, cuál es su principal temor frente a sus hijos, qué espera de ellos, cuáles son sus metas en la vida, con qué frecuencia los maltrata, qué siente al maltratarlos y qué siente después, si fue maltratada de niña y qué tipo de maltrato recibió, si su pareja maltrata a los niños y cómo lo hace, cuáles son sus problemas de pareja, si hay relación con bebidas alcohólicas o drogas y cómo es la comunicación en la familia.

Después de una o varias citas individuales pasa a un grupo de diez mujeres que se reúne una o dos veces a la semana, en sesiones que duran de hora y media a dos horas. Con fines terapéuticos, se le permite relatar afuera todo lo que aquí escuche pero con la condición de que se conserve el anonimato. Por lo menos se necesitan diez sesiones para que tomen conciencia. No se buscan cambios drásticos. En un principio se busca el origen, cómo fueron tratadas de niñas, cómo vivieron la agresión y el maltrato, qué características tiene el hijo y qué alternativas ven. La terapia es focalizada. Estas mujeres tienen una percepción muy distorsionada, especialmente en lo que al hijo maltratado se refiere. Antes que nada, nos abocamos a que se den cuenta de esta distorsión de su percepción, porque creen que el niño lo hace a propósito.

La madre es nuestra primera fuente de nutrición tanto física como afectiva, si falla en alguna de estas funciones el individuo tratará de sustituir esta carencia en la vida adulta. Muchos comedores compulsivos no fueron nutridos o queridos por su madre, se vuelven voraces y su ansiedad se manifiesta en un tipo de hambre que no se puede saciar.

Abuso sexual

Una de las formas más ocultas de ejercicio de poder y sometimiento es el maltrato sexual. Es un delito en contra de la confianza y la credibilidad de los niños. Esta forma de violencia es de las más frecuentes y de las más dañinas. Se da en todos los niveles socioeconómicos y culturales. Por lo general son actos que sólo el agresor y la víctima conocen, y que callan por muchos años, incluso hasta la muerte.

El abuso de menores por parte del padre de familia es muy común y, en muchos casos, es del conocimiento de la madre, quien calla por temor a que el problema se sepa en el resto de la familia o a que su pareja la abandone. En otros casos la madre no otorga credibilidad al niño, asumiendo una conducta pasiva, por lo que el menor tiene que soportar la agresión sexual además del maltrato por omisión y falta de credibilidad por parte de la madre.

Cuando la agresión sexual está presente al interior de la familia, que es lo más común, sus estragos a nivel psicológico son más graves que cuando el que agrede es un desconocido con quien no hay un trato cotidiano. En muchos casos la agresión se repite por años.

El padre abusador cree que sus hijas son de su propiedad y las utiliza a su antojo. En fecha reciente se dio un caso en el estado de Chiapas en el que un tipo fue encarcelado porque además de violar a sus hijas cotidianamente, les había colocado un candado perforando los labios vaginales. Este caso puede impresionar a muchos, pero lo grave es que este tipo de aberraciones son muy frecuentes. Lo raro aquí es que se haya denunciado. Tal es el dominio psicológico que ejerce el criminal sobre sus hijas que una de ellas se presentó después al penal con la solicitud de hacer una visita conyugal.

Testimonio de una radioescucha de 35 años

Los hombres me abandonan, se van con otra. En realidad, me es muy difícil relacionarme porque no sé coquetear. Los pocos con los que he tenido relaciones han sido más jóvenes y siempre la relación comenzó porque de alguna manera tenían problemas y yo los ayudaba. Después, cuando estaban bien, se conseguían a alguien más y se largaban. Últimamente nadie se me acerca y me siento muy sola.

Cuando empecé a desarrollarme mi padre me miraba de forma muy extraña. Yo sentía que me desnudaba con los ojos y me hacía sentir muy incómoda. No podía decir nada porque pensaba que podía ser sólo mi imaginación y, aunque no lo fuera, eso iban a pensar. Además, realmente no me hacía nada. En una ocasión me dijo: "Mira cómo has crecido. Ven, acércate". Tomó una cinta métrica y me tomó medidas de todos lados al mismo tiempo que, con ese pretexto, me tocaba los senos y las nalgas. Me daba cuenta de que no existía ninguna razón útil para que me midiera, no me iban a hacer un vestido ni nada. Pero sucedió lo mismo que con las miradas, a pesar de que sentía mucha humillación y vergüenza, no tenía muy claro si se trataba de un acto libidinoso o no. No sabía que el abuso sexual también podía ser sutil. Siempre tuve la duda y con frecuencia trataba de convencerme a mí misma de que no había ofensa y todo eso lo imaginaba. Sin embargo, la vergüenza y el malestar eran muy reales. Recuerdo que procuraba mantenerme alejada de él y me vestía muy tapada tratando de ocultar mis curvas.

El abuso sexual puede ejecutarse por la fuerza en un acto brutal, pero también puede llevarse a cabo a través de una seducción malsana. La niña confunde el amor de su padre con la intimidad, es seducida y lo complace en sus solicitudes. Pero algo en ella sabe que está mal y el daño psicológico es tan grande que en algunos casos llega a padecer amnesia como mecanismo de defensa. Muchas niñas resultan embarazadas por su padre, su hermano o su tío. Posteriormente, en vez de recibir apoyo, son golpeadas y, en muchas ocasiones, corridas de su casa.

Todos los adultos que sufrieron abuso sexual en la infancia tienen una autoestima muy baja, además sienten que están dañados, que son sucios y que son diferentes. Presentan síntomas de culpa, depresión, comportamiento destructivo, problemas sexuales, intentos de suicidio y muchos abusan del alcohol y las drogas. Frecuentemente continúan el ciclo y se vuelven abusadores.

El silencio obligatorio garantiza la impunidad del delincuente. El agresor se vale de una gran variedad de estrategias que utiliza para preservar el secreto: "No se lo digas a nadie", "Éste es nuestro secreto". Las amenazas operan de modo efectivo, el niño calla por temor a ser dañado o que se afecte a sus seres queridos. El chantaje se utiliza de muchas maneras, se le dan obsequios o dinero por dejarse tocar o se le reclama falta de cariño: "Si no te dejas, es que no me quieres", "Si se lo cuentas a tu mamá, la vas a lastimar". Otra estrategia es hacer responsable a la víctima: "Si te dejaste la primera vez es que te gustó, y por eso aceptas las demás", "La niña es seductora". Los agresores estimulan la baja autoestima de la víctima, diciéndole que no es importante. Este tipo de estrategias debilita los recursos de defensa de la víctima: "Si lo cuentas nadie te va a creer a ti, sino a mí", "Por tu culpa me llevarán a la cárcel".

Los niños varones se encuentran en una situación de desventaja en relación con las niñas, ya que suelen ser más reservados, reciben amenazas más violentas que las niñas y, sobre todo, evitan hablar de la experiencia por temor a las burlas de sus compañeros.

El agresor procura romper los vínculos de comunicación y convivencia del menor con aquellos que en determinado momento pudieran intervenir en su ayuda, incluso llegan a impedir su asistencia a la escuela. Algunos agresores sexuales manejan el incesto como consecuencia de la irresponsabilidad de la madre: "Tu mamá lo sabe y no le importa", "Si tu mamá me cumpliera no tendría que hacerlo contigo". El agresor se encarga de generar conflictos entre la madre y el hijo para agrandar el abismo de comunicación entre ellos, traducido en rencor, distanciamiento y desconfianza. Una vez que el agresor ha logrado el silencio de su víctima podrá hacer lo que quiera. Obligar a callarse produce en los niños sentimientos de responsabilidad, como si fueran culpables y debieran avergonzarse de lo ocurrido, por lo que siempre deberán callar. De esta manera, se creerá merecedor del maltrato, debido a lo confuso de sus sentimientos y a una percepción irreal de su situación.

La mayor parte de los abusadores sexuales tiene una personalidad o un perfil psicológico donde el recato y el puritanismo son casi una constante. Se presentan ante el mundo, ante la familia, ante la sociedad y ante el médico psiquiatra como gente austera en su vida personal, y por austeridad no solamente me refiero a aquellos no dispendiosos, no parecen ser frívolos, no tienen una tendencia al egoísmo sino por el contrario, pasan al recogimiento, al puritanismo, al concepto conservador a ultranza, a las prácticas francas y criticables de "mochería" en su vida cotidiana. Y se dan entonces la oportunidad de no reprimirse en su sexualidad con aquellas personas que saben que no los van a denunciar. Es el típico caso del "candil de la calle, oscuridad de su casa", en un sentido totalmente sincronizado: el individuo que puede dar al mundo la luz de la enseñanza de lo religioso y de las buenas costumbres, a la vez que vive en una verdadera porquería emocional y sexual dentro de su casa. Estos perversos sexuales llegan a ser incluso muy mesiánicos, tienen la tendencia a proclamar sobre la moral o sobre las conductas políticas o sociales de componente conservador.

Cuando uno lee sobre la patología sexual de estos personajes, encuentra esa aparente paradoja, la conducta que sanciona las faltas del exterior pero se las permite a sí mismo. Es así como vemos la supuesta práctica religiosa, de dientes para afuera por supuesto, de estos sujetos. Tal es el caso de algunos sacerdotes y religiosas que administran internados. Mientras un niño vive en un internado, éste se convierte en su casa y lo que ocurre adentro es de carácter doméstico.

En algunas familias el abuso sexual no se lleva a cabo físicamente, sin embargo, existe una atmósfera de incesto que consiste en una serie de miramientos, tocamientos y alusiones sexuales. Los niños pueden presenciar la vida sexual de los adultos o escuchar pláticas de su intimidad sexual. Todo esto puede estar disfrazado de un liberalismo o modernidad falsos.

Muchas veces se dice que el silencio es oro, pero también puede tener un costo elevadísimo. En el caso de los delitos sexuales contra menores es complicidad, lo cual hace al que calla tan culpable como el criminal. Y son muchos los cómplices, empezando por la propia familia. Todas las madres que callan son cómplices y también los demás familiares que se enteran del delito. Son cómplices los médicos que detectan el abuso o violación de un niño en un examen médico y no lo denuncian. Son cómplices los maestros y directores de escuela que se dan cuenta de que un alumno de su plantel está siendo víctima en su hogar de un delito sexual y no lo denuncian. Y hablamos aquí de denunciar penalmente, acudir ante las autoridades, porque se trata de un delito tipificado en las leyes. Lo hemos dicho hasta el cansancio: EL SILENCIO ES COMPLICIDAD. Muchas madres no denuncian porque temen un desajuste familiar, pero el desajuste ya existe.

Hay familias en las que el incesto se repite en cadena, generación tras generación, hasta podría pensarse que hay una cuestión genética causando la repetición. Creo, que si bien puede haberse iniciado como un problema familiar con el aspecto genético, después se convierte en una práctica con características de problema social. Se da en la misma comunidad social, encerrada en la familia. La hegemonía de un poderoso que es el señor feudal y que dentro de las murallas de su feudo, que es la casa, puede hacer lo que quiere.

En uno de estos casos, el señor ha atentado contra las hermanas de la esposa y contra las hijas. En esa familia esto es la tradición, los hermanos a las hermanas, y los hijos violados o de los que se abusó repiten una conducta también matizada por esta conclusión: el poderoso tiene derecho a hacerlo: "Yo quiero tener poder o ya tengo un cierto poder porque soy mayor, porque soy más educado, más preparado, por lo tanto tengo también ese derecho" o simplemente "porque soy macho".

Está el caso de aquella familia que vivía en una casa muy grande en una población conurbada al Distrito Federal. Las primeras dos pacientes que vi eran dos hermanas como de unos 45 años que habían sido violadas por dos hermanos, por dos tíos y por el papá. Y se recuerdan viviendo en cuartos de literas hasta con ocho niñas, lo que les permitía a veces observar la entrada del hermano o de un tío y ser testigos del incesto. Era una costumbre, ellas se percatan con el tiempo que esto no es lo común en otras familias y buscan información, hasta que caen en la cuenta de que el incesto no es una práctica cotidiana. Cuando empiezan a salir de ese "castillo de la pureza" en el que vivían deciden ir a denunciar y, al hacerlo, se percatan de que ya también sus hijas habían sido víctimas de los hermanos y los tíos, que venían a ser tíos abuelos de las niñas, constituyendo una verdadera unidad social o unidad familiar incestuosa.

Me tocó ver a uno de los hermanos incestuosos, que ya ha tenido problemas con la policía. Además de haber sido abusador sexual de sus hermanas y sus sobrinas, cuando lo conocí era un individuo soltero que era sacristán y catequista en un templo de la Iglesia católica en el norte de la ciudad de México. También era operador de un cine, lo que le permitía acceso fácil a jovencitos y jovencitas de los que trataba de abusar. Fue confrontado con su problemática sexual porque las hermanas lo quieren sacar del departamento donde vive en la Unidad Acueducto de Guadalupe porque se exhibe frente a los demás. Llegó al consultorio por exhibicionista, no por incestuoso, aunque por supuesto yo ya había visto a sus dos hermanas, quienes me habían informado de todo. Él se reconoce como un individuo al que le gusta tener relaciones sexuales, pero que no le hace daño a nadie.

Así se presenta conmigo y al principio habla de él mismo como catequista, como una persona deseosa de ayudar a los jóvenes a prepararse en el cristianismo, en el catolicismo. Hasta que yo, en la tercera sesión, lo confronto y le digo que ya estoy cansado de las mentiras, de las actuaciones, y que no tiene caso que me siga informando de sus bondades como catequista y viviendo su problemática como si fuera sólo exhibicionista. Al confrontarlo decide irse de la terapia. Por último veo a una de las hijas que tiene una gran problemática sexual porque también se abusó de ella sexualmente en la infancia, y cuya respuesta social frente a este abuso la hace ser probablemente la segunda militante más importante del grupo Provida, que se ha caracterizado por sus posturas fascistas en relación con la difusión y la educación de la sexualidad humana con relación al aborto. Esto es, una víctima de abuso que se convierte en una militante altamente agresiva en contra de las personas que hablan de la libertad de expresión sexual, de la libertad en el ejercicio de la sexualidad y del derecho que tienen las mujeres a decidir sobre sus embarazos o su cuerpo.

En el caso de las familias incestuosas tendríamos que revisar qué pasa, o qué pasó, para encontrar que no solamente están la predisposición o causas genéticas, sino que en algunos ambientes cerrados de las familias nucleares muy numerosas, con baja preparación y canales de información muy bloqueados o cerrados por el patriarca (el "señor feudal") se puede dar el fenómeno ya como una característica social. Casi podríamos saber cuándo nos encontramos ante un sujeto al que habría que investigar, in-

103

cluso legalmente, por prácticas dentro de la casa, porque es muy curioso ver a estos individuos vestidos de oscuro y las señoras sin maquillar, envejecidas prematuramente con una carga de chiquillos, los que "Dios le dio", vestiditos como niños de hospicio o de convento, y que van a todos los servicios religiosos. Y no sabemos qué sucede realmente en ese mundo de falsedades, si los niños y las niñas al crecer en familias así o en casas así no tienen la oportunidad de decisión libre de su vitalidad, de su sexualidad, de la exploración de las relaciones interpersonales, del enamoramiento, del amor, de las fantasías sexuales, etc. Bueno, las tendrán que canalizar con quienes tienen cerca, con quien duerma en esa promiscuidad.

No nos asombremos entones de que la religiosidad a ultranza dé origen a casos así. Dicen los que sí saben de sexualidad humana que la castidad es el único gran pecado o que la única perversión sexual es ésa, el celibato, puesto que Dios es el Padre o el dador de vida. Nos preguntaríamos por qué ese Dios supuestamente tan bondadoso y lleno de amor le da sexualidad a individuos como el que vimos. Tal contradicción la resuelven estos castos "célibes", pulcros y puritanos, que la ejercen con los que se callan, los que se someten, los que pueden obligar, muchas veces, por qué no decirlo, en nombre de Dios: "Como tú eres mi hermana nos va a perdonar Dios, porque es por amor, un amor limpio, filial, fraterno".

Existe el caso de incesto en el que la víctima está más que dispuesta. Se le llama incesto complaciente. Tenemos el caso de Anaïs Nin, un incesto típico padre e hija con la total disposición amorosa de la hija. Viendo fotografías, el padre de Anaïs era un hombre realmente bellísimo, infinitamente más hermoso, físicamente hablando, que ella. El incesto complaciente causa menos daño que el forzado. Sin embargo, el niño o la niña que accedió, crece con un gran sentimiento de culpa por haber aceptado participar en algo que saben que está mal. Si lo disfrutaron, la sensación de culpa será aún mayor. Esta relación sexual, erotizada, entre dos familiares cercanos es un crimen silencioso, oculto, lleno de complicidad, que nos hace reflexionar realmente sobre lo que podríamos llamar la ética o la moral social. Hemos llegado a muchos niveles de ocultamiento casi total de las fallas sociales y familiares y, por primera vez, en esta época, surge el tema del incesto como algo prioritario en la violencia intrafamiliar.

Testimonio de una mujer de 50 años y de su hijo de 27
Diana

De niña pensaba que era normal que mi padre me acariciara, creía que así demostraba el cariño que me tenía. Cuando me pedía que le tallara la espalda estaba encantada de complacerlo, él era mi adoración. Para protegerme, me exigía que durmiera vestida, no fuera a ser que alguno de mis hermanos me viera. A pesar de que vivíamos en tierra caliente, le obedecía y jamás estaba desnuda en la casa. Para que mis hermanos no me fueran a ver. Sólo él.

Crecimos sin madre. Mi papá era el cacique del pueblo y, cuando se pelearon, le quitó la patria potestad con sus influencias. Así que crecí sobada por él, protegida de las miradas de mis hermanos y educada en una escuela de monjas donde mencionar la palabra embarazo era pecado, supieras o no el significado.

Una tarde, mi hermano y yo jugábamos a las luchas sobre la cama cuando de pronto entró mi tía. Aún puedo escuchar su grito: "¿Qué están haciendo niños cochinos?" Después vino el castigo, me encerraron en mi cuarto y no me dejaron ir a la fiesta de esa noche.

Cuando empecé a desarrollarme, mi padre mandó quitar el espejo, para que no me viera, pues eso no estaba bien, no era correcto. Como él era mi dios, todo lo que decía y hacía era perfecto para mí. Lo adoraba a pesar de que me golpeaba con una raja de leña para castigarme, en el mejor de los casos. Otras veces me hacía desnudarme y me tallaba todo el cuerpo con una rama de chichicastle (una planta que produce fiebres muy altas), lo que hacía que la tortura se extendiera por horas. Recuerdo esas noches temblando por los calenturones que me provocaba.

A los trece años ya no quería estar cerca de él. Tenía mucho miedo de abrir la boca porque si decía cualquier cosa que no le pareciera, aplicaba el castigo del chichicastle. Creo que esto influyó en mí. De grande tuve muchos problemas con mi marido porque no me podía desnudar enfrente de él. En realidad, no caí en la cuenta de que realmente mi padre abusó de mí hasta los cuarenta años. Tal vez no quise aceptarlo porque reconocer que el ser al que querías tanto te ha hecho tanto daño es muy doloroso.

Más doloroso es ahora, que mis hijos están grandes y van a terapia, enterarme de que de niños también se abusó de ellos y yo no me di cuenta. Siento que tienen todo el derecho a reclamarme porque sí noté, en el caso de Jesús, un cambio en su carácter. De ser un niño alegre y platicador se volvió de pronto retraído y triste. Pero yo era muy ignorante, jamás sospeché que pudiera haber sido víctima de algo. En aquel entonces, ni siquiera había reconocido los abusos que mi padre cometió contra mí. Lo que ahora me acongoja es que la historia se haya repetido, no sólo con mi hijo sino también con mi nieto.

Jesús, hijo de Diana

Mi padre era jardinero en una mansión. A los cinco años, yo ya lo acompañaba a trabajar y me dejaba jugar libre por el jardín. El hijo del patrón, que tenía como 12 años, me encerró en una bodega y me dijo: "Bájate los pantalones", lo hice porque le tenía miedo. Él también se bajó los pantalones, se me acercó por detrás y abusó de mí. No tengo claro el recuerdo de lo que sucedió ni de qué sentí, de lo que sí me acuerdo es que me quedé sentado solo llorando cuando él se fue. No dije nada porque tenía miedo de que fueran a despedir a mi papá o que lo mataran. Supongo que el muchacho me amenazó.

He guardado mucho rencor toda mi vida, pero el domingo pasado se incrementó cuando escuché a mi hijo de cinco años decir que no quería ir más a casa de su primo porque éste "le hace el amor". Me alteré mucho y le pedí que me contara qué le había hecho. "Me bajó los pantalones, luego se los bajó él y me hizo el amor".

Me enfurecí contra mi mujer porque ese niño es hijo de su hermana y ella es quien lo lleva de visita. Estoy desesperado, quisiera matar a ese chamaco, comérmelo. Además, siento una gran impotencia porque si lo denuncio y va al tribunal de menores, va a salir y no le van a hacer nada. Creo que las leyes están mal. ¿Cómo es posible que por tratarse de menores de edad puedan estar libres y cometer crímenes contra otros niños? Me gustaría que los desaparecieran, ni siquiera que los castraran, porque estoy seguro de que buscarían la forma de seguir haciendo daño. Los que son así no cambian y lo que en realidad buscan es el poder que sienten al humillar a otro. El violador no cambia.

Yo aconsejo a todos los padres que cuiden mucho a sus hijos y no los dejen encargados con nadie. Pero tampoco se confíen si están en la misma casa. Mi esposa se siente muy culpable porque ella estaba ahí y no puso atención cuando los niños se subieron a jugar a las recámaras.

Golpes emocionales

El maltrato psicológico deja, en los menores, huellas mucho más profundas e imperecederas que cualquier otro tipo de agresión. El maltrato psicológico está enmarcado por muestras de hostilidad verbal crónica, en forma de insulto, burla, desprecio, crítica, amenaza de abandono o constante bloqueo de las iniciativas infantiles por parte de los miembros adultos de la familia. Asimis-

107

mo, está enmarcado por el vacío emocional creado por una persistente falta de respuestas paternas a las demandas de afecto y a los acercamientos del menor.

Pero la violencia psicológica no es la única que daña emocionalmente a un niño. Como dijimos al principio de este libro, se hace mucho daño por la ignorancia. Es aquí donde los padres —responsables y preocupados por la autoestima de sus hijos— han de poner mucha atención porque, aún queriendo lo mejor para ellos, se les puede estar dañando.

Abandono

El abandono es otro tipo de violencia familiar, entendido como el acto de desamparo, ya sea por uno o varios miembros de la familia, hacia el menor con quien se tienen obligaciones que deriven de las disposiciones legales. El incumplimiento de obligaciones puede manifestarse en la falta de alimentación y la higiene, en el control y cuidado doctrinario, en la atención emocional y el desarrollo psicológico o en la atención de necesidades médicas atendidas tardíamente. Muchos problemas de desnutrición son consecuencia de la negligencia.

El abandono puede llevarse a cabo de muchas maneras. Los niños que son enviados a internados, por caros que sean, son víctimas de abandono. Frecuentemente los padres alegan que están tratando de dar una buena educación a sus hijos. La verdad es que, por alguna razón, son un estorbo para ellos. Muchos son los testimonios de niños y niñas de los que se abusó sexualmente en esos internados. Las situaciones de abandono o carencia de afecto se producen cada día más en familias estables y de buen nivel cultural o económico. El tipo de vida actual, especialmente en las grandes ciudades, disminuye de manera significativa el tiempo de relación entre padres e hijos. La falta de atención favorece la aparición en el menor de actitudes de rebeldía, temores, incomprensión, fuga del hogar, adicciones a drogas diversas, alcoholismo y tabaquismo, ingreso en sectas y grupos extremistas y conductas de tipo antisocial.

Otro caso de abandono se da cuando los padres dejan al niño en manos de una nana de la cual no saben nada. Ni siquiera se detienen a pensar que la muchacha a quien están contratando para que sustituya a la madre puede ser violenta o abusar de los niños, lo que les importa es que alguien más se encargue de ellos. Hace poco fuimos testigos en México de las golpizas que le ponía una nana al bebé, cuando fue grabada por una cámara de video. El caso no es excepcional, lo excepcional es que la hayan grabado. Toda la responsabilidad aquí es de los padres, por mucho que quieran después culpar a la agresora de los niños.

El niño puede sentir el abandono desde los primeros días. Pensar que es bueno dejar llorar al bebé es una aberración. El llanto expresa sufrimiento y dejarlo llorar es dejarlo sufrir. Un bebé menor de diez meses no llora por gusto ni por majadero. Es falso que llorar amplíe los pulmones; el llanto está en la base inicial de la neurosis. Dejar llorar a un bebé, para él significa abandono e inseguridad y esto es lo peor que puede formarse en su cerebro. Busque siempre la causa del llanto y soluciónela. Si no es hambre, si no está sucio, si no tiene frío, si no le duele nada, tal vez lo único que requiere es compañía y afecto.

El abandono se lleva a cabo muchas veces por comodidad. Dejar al niño en casa de la abuela para poder disfrutar de una noche de esparcimiento en el teatro puede estar muy bien, pero dejarlo cuando está enfermo es una situación muy diferente. Cuando un niño se siente mal necesita, además de los cuidados pertinentes, la compañía y afecto de sus padres. Nosotros sabemos que un resfriado no es grave, pero un niño puede estar sintiendo que se muere y, si se le deja en estas condiciones, puede pensar que a usted no le importa.

Si usted tiene que dejar al niño en manos de alguien más por necesidad, trate de explicarle los motivos y, sobre todo, de asegurarle que lo quiere y que es importante para usted. Un joven de 27 años nos contó que su padre abandonó a la familia cuando él tenía siete años y su hermanita cinco. "Hoy me gustaría muchísimo volver a verlo sólo para decirle que nunca va a saber de lo que se perdió", confiesa.

Rechazo

El niño rechazado vive en la frecuente espera de ser aceptado por el progenitor que lo rechaza y busca a toda costa un reconocimiento de su parte. Como este reconocimiento nunca llega, el niño termina por convencerse de que no vale. Muchas madres deciden no amamantar a sus hijos con el pretexto de que eso deforma su figura, no se dan cuenta de que le están negando al bebé la satisfacción de una necesidad natural no sólo de nutrición —en tanto que hay defensas que sólo pueden obtenerse de la leche materna— sino de afecto. No acaba de llegar el niño al mundo y ya es más importante la "figura" de la madre. Aunque el niño no comprenda el lenguaje, sí percibe el rechazo.

Cuando a un niño no se le permite participar en las actividades de la familia también se siente rechazado. Se le envía constantemente a su habitación o a "jugar por ahí" para que no escuche las conversaciones de los adultos. Así, aprende que su presencia no es deseada, que incomoda a los demás y se crea en él una sensación de ser defectuoso que deteriora su autoestima.

110

Violencia verbal

Los padres son el centro del universo de un niño y, por lo tanto, son quienes más daño pueden causar con sus palabras. Lo que ellos expresan es verdad para el niño. Cuando una madre le dice a su hijo que es inadecuado o defectuoso, esto se convierte en una creencia y el conjunto de creencias es la base para una autoestima alta o baja.

Las actitudes y comentarios que lo devalúan constituyen heridas dolorosas en el amor propio del niño. Muchos comentarios pueden significar un verdadero insulto a la dignidad de los menores, como "No sirves para nada", "Eres igual de torpe que tu padre", "Tragas como un cerdo", "Tu madre es una cualquiera", "Eres un inútil". Pero, la violencia verbal no consiste únicamente en insultos y palabras incisivas, también los sarcasmos y burlas hieren profundamente a un menor. Los comentarios sádicos: "Cuándo no...", "Tenías que ser tú", "Ya te estabas tardando", son agresiones que devalúan la imagen que el niño tiene de sí mismo. Muchas veces el rechazo se expresa con desprecios como: "Ya no te quiero", "Me avergüenzo de ti" o "¿Tienes que estar pegado a mí todo el tiempo?". Las palabras más dañinas que puede escuchar un niño son: "Quisiera que nunca hubieras nacido".

Una mujer escuchó durante toda su infancia que no podía hacer nada bien ni tampoco podía terminar lo que empezaba. Esto quedó tan arraigado en ella que fue como una programación de computadora. Si se ponía a barrer, dejaba un rincón de la habitación sin hacer; no podía explicarlo, simplemente no podía. Si arreglaba una cómoda dejaba un cajón sin arreglar, si ponía la mesa faltaban los vasos y así con todo lo que hacía. Era costurera de oficio, y muy buena, pero tenía una asistente para dar el retoque final a los vestidos porque ella simplemente no podía terminarlos.

Acudió a una terapia de grupo porque le atormentaba que sus noviazgos nunca terminaban en matrimonio, de algún modo ella los echaba a perder. En la terapia se dio cuenta, al escucharse a sí misma, que no podía terminar nada porque si lo hacía tendría que estar mal. Para tratar de romper con este condicionamiento se propuso terminar ella misma algunos vestidos. Echó a perder dos o tres pero finalmente lo logró. Dos años después se casó y disfruta cada vez que logra completar alguna cosa.

Una manera de hacerle saber a un niño que su opinión no importa es interrumpiéndolo cada vez que habla o diciéndole que se calle. De esta manera, el menor llegará a la conclusión de que lo que tiene que decir carece de importancia. Además, los mensajes contradictorios o confusos estresan al menor y se siente enloquecer tratando de descifrar los deseos de sus padres. Hay muchos padres que cambian las reglas según su estado de ánimo, lo que un día está bien, al siguiente está mal. Más confusa resulta la contradicción entre lo que se dice y lo que se hace. Una madre puede pasarse la mitad de la vida diciendo a su hija que no critique y la otra mitad criticando a su vecina.

Manipulación y chantaje

El ánimo de controlar y someter lleva a los padres más allá de los puñetazos y el terror, utilizando también el arma del chantaje. Es fácil manipular a los niños y el chantaje emocional es, tal vez, el arma más efectiva. "Yo que con tanto dolor te traje al mundo, que me he sacrificado por ti y así me pagas." Esta frase tan conocida en nuestro país es una de las más dañinas. Establece que el niño tiene una deuda, misma que jamás podrá pagar porque es imposible que devuelva el favor trayendo a su madre al mundo. Establece que es malo porque no agradece el que le hayan dado la vida, aunque ésta sea un infierno. Detrás del "yo te di la vida" se establece el poder inmenso de la madre y el niño puede interpretar una amenaza velada: "...y te la puedo quitar".

"Quieres que me muera ¿verdad?", "Me vas a matar de tanto disgusto". Estas frases son una acusación de intento de asesinato. Lo más grave es que el niño se aterra ante la posibilidad de la muerte de la madre y se siente culpable. Por otro lado se empieza a crear en el menor una sensación de poder, él puede matar.

La finalidad del chantaje es que el manipulador obtenga todo lo que quiere sin siquiera pedirlo. Cuando el manipulador no obtiene lo que quiere, se conforma con provocar los sentimientos de culpa, manteniendo así el control que tiene sobre el otro. Cuando un individuo ha sido manipulado desde la infancia seguirá siendo vulnerable a la manipulación toda su vida, a menos que decida liberarse e inicie un proceso de recuperación.

Una las formas más dañinas de manipular por parte de los padres es "ayudando", pretenden resolver todos los problemas y necesidades de sus hijos para hacerse indispensables y conseguir así su dependencia. Muchos hijos acaban reaccionando y se rebelan ante la ayuda no deseada, pero muchos otros quedan atrapados en una dependencia materna o paterna tan enfermiza que difícilmente logran construir una relación de pareja estable, tarde o temprano regresan a vivir con su madre o padre que, triunfantes, los reciben con los brazos abiertos.

Testimonio de una joven de 22 años

Desde los 11 años tengo problemas con mi mamá, es muy hipócrita y convenienciera, hace tres semanas que ya no vivo con ella. El año pasado mi novio y yo nos embarazamos por el mes de febrero. Después de un mes, o menos, nos dimos cuenta y decidimos interrumpir el embarazo.

113

No lo queríamos tener, puesto que no lo habíamos planeado. Empezamos a tener relaciones sexuales desde los tres meses de novios y antes de tenerlas hablábamos de todo, nos tenemos mucha confianza. En ese entonces nos planteamos la posibilidad de un embarazo, porque pienso que no se debe descartar ese punto y es muy importante. Nos cuidábamos, él usaba condón y yo pastillas, hablábamos mucho de todo y cuando pasó lo del embarazo más. Los dos empezamos a buscar a un doctor confiable y seguro. Recordé que mi mamá, hace unos años me había contado de un doctor que le practicó un legrado y decidimos contactarlo. Yo ya lo conocía, así que fue muy fácil. El proceso empezó en marzo y terminó el 11 de abril de 2002.

Primero mi novio le llamó al doctor pidiéndole una cita, fue un sábado, y asistimos el siguiente lunes. Hablamos con él, nos interrogó: ¿en qué trabajaba él?, ¿a qué me dedicaba yo?, ¿cuántos años tenía?, etcétera. Ese mismo día me pasó al consultorio y, después de revisarme, me dio una medicina y me dijo que en menos de 24 horas empezaría a sangrar, que tendría unos dolores y que cada doce horas me tendría que inyectar Prostigmine durante tres días. Le dijimos a la mamá de mi novio que si me las ponía, ya que para mí era mejor que se enterara ella que mi mamá. Ella no dijo nada, sólo que nosotros sabíamos lo que hacíamos.

El sangrado comenzó a las ocho de la noche del mismo día y terminó por la mañana. Se lo dijimos al doctor y dijo que lo más seguro es que continuáramos embarazados, que nos volviéramos a hacer una segunda prueba de embarazo cinco días después, y ésta nuevamente salió positiva. Asistimos otra vez con él y me hizo lo mismo pero esta vez el sangrado duró más de dos semanas. Me recetó ahora Ergotrate de 0.2 cada seis horas y dijo que si no paraba el sangrado me tendría que hacer un legrado. Con esa medicina no paró y me dijo que tomara también Omnipen 500, dos cada seis horas. A consecuencia de que ningún tratamiento funcionó, el 11 de abril me citó a las 11:30 para hacer el legrado. Dijo que si no lo hacía tendría anemia. Ese día me anestesió y no supe más...

114

Cuando desperté estaba desesperada, llorando y con mi novio al lado. Escuchaba al doctor que me hablaba pero yo veía doble. La mamá de mi novio nos acompañó en esa ocasión. El doctor me dio un día más de reposo.

En mi casa nunca supieron nada, no se dieron cuenta, ya que por esas fechas mi papá se había ido de la casa con otra mujer. Pero en este año se enteró mi mamá, dice que por medio de una llamada telefónica. Nosotros tratamos de ser lo más discretos posible, por eso no lo puedo creer. Ella me preguntó por qué lo había hecho, que por qué la había engañado, que era mala, que era lo peor para ella y mi familia.

El pasado siete de julio tuvimos una discusión y me corrió de la casa, me dijo que había perdido el derecho a todo, que no merecía nada. Le dije que cómo a los que tenían hijos sin planearlo les daban casa sin pensarlo, y a mí que había tomado una decisión que creí correcta se me tachaba como lo peor. Ella me corrió y yo le dije que nunca me volvería a ver, a lo que ella respondió que no le dolería, que no le importaba.

Tengo muchas cosas grabadas en mi mente, cosas que me duelen, incidentes con ella que son muy desagradables. Ella me ha hecho sentir muy mal con comentarios como: "Eres un error del dispositivo", "Crees que con tu carácter alguien te va a querer", "Ya no te soporto, ya cásate para que sientas", "Todo lo vas a pagar", "Te van a dejar igual que a mí", "Tu novio es un pendejo, no vale nada", "Eres una tonta, no sabes hacer nada", "Te envidio porque a tu edad yo quería haber tenido lo que tú tienes", "Tu papá te hace más caso a ti que a mí", "Se te queda viendo mucho tu papá".

Por eso compré el libro *¿Es tu madre tu peor enemiga?*, y muchos casos y conceptos que menciona son ciertos. Ahora he superado muchas cosas con el amor de mi pareja, al igual que he aprendido mucho. Creo que poco a poco mejoraré, pero me gustaría mucho hablar con usted, escuchar su opinión. Además creo que mi caso le ayudaría a muchas chicas a no sentirse mal al tomar una decisión, a no permitir que alguien interfiera en sus responsabilidades, a que las madres respeten la vida de sus hijos. De todas maneras no entiendo cuándo uno hace bien porque la familia, en este caso mi madre, siempre me juzgó. Juzgó mis decisiones y no se puso a pensar que yo preferí abortar en lugar de tener un hijo para no darle una vida tan difícil. No estoy lista para tener hijos porque hay muchas cosas que no quiero repetir. Con mi pareja me llevo mejor de lo que mis papás se llevaban. Eso me hace sentir que voy por buen camino. A mi madre no la veo desde que me corrió y estoy mejor así. Ya no hay nadie que me haga sentir mal.

Discriminación

La discriminación por parte de los padres es uno de los factores más dañinos para la autoestima del niño. Se compara al menor con los hermanos y se decide que es, de alguna manera, inferior, y después se le trata como tal. Existen miles de motivos por los que un menor puede ser discriminado; van desde su género hasta incapacidades físicas, emocionales o mentales. El motivo no importa, el daño es enorme. El niño se sentirá defectuoso por aquello que causa la discriminación, odiará esa condición o "defecto" y se odiará a sí mismo por tenerlo.

En muchas familias mexicanas se discrimina a las niñas por ser mujeres. Se les degrada, ya sea diciéndoselos abiertamente o demostrándoselos con enseñanzas como que la mujer debe servir a los hombres y tener un lugar secundario. Después los padres se quejan de que el marido las trata mal y ellas se dejan. ¿Cómo es posible que les asombre si las enseñaron a hacerse menos?

Existe otro tipo de violencia hacia los hijos que tienen, o parecen tener, distintas preferencias sexuales. En el programa de radio hemos recibido muchas llamadas de hombres y mujeres jóvenes víctimas de agresiones homofóbicas por parte de su familia. La violencia emocional y física es tan cruel que ha llegado hasta el asesinato. Supimos de un caso en el que un papá mató al hijo por que no pudo resistir la ira que le provocaba que fuera homosexual. Las agresiones constantes pueden ser sólo verbales como: "Te prefiero muerto que maricón", o abiertamente físicas. Cuando el niño muestra cualquier tipo de conducta homosexual o amaneramiento, muchos padres tratan de corregirlo a golpes: "Para que te hagas hombrecito". La violencia de la no aceptación es una de las formas más graves de rechazo. Desgraciadamente, las reacciones homofóbicas son producto de una cultura que también lo es pero, sobre todo, de una gran ignorancia. La homosexualidad no se escoge. Y en el supuesto de que la homosexualidad fuese una decisión, tenemos que entender que cada individuo es libre de ejercer su sexualidad como le plazca.

También son víctimas de este tipo de violencia muchos niños y jóvenes que, sin ser homosexuales, tienen comportamientos feminizados, o masculinizados en caso de las mujeres, y sufren de agresiones constantes. En mi caso, el solo hecho de haber sido un niño tímido que prefería tocar el piano y leer a jugar fútbol, hacía que escuchara de mi padre y mi abuelo comentarios sobre que yo iba a ser maricón. Hoy sé que debo haber sido sólo un niño sensible y bastante frágil que, por alguna razón, prefería dibujar o tocar música a los juegos violentos. Ya en la edad adulta en infinidad de ocasiones he sido acusado de ser homosexual simplemente por mi actitud feminista cuando expreso que no tolero el maltrato a las mujeres.

La polarización de los comentarios homofóbicos de padres —que consideran el machismo como la máxima jerarquía sobre la Tierra— lastiman al menor aunque no sea homosexual. Los comentarios despectivos hieren profundamente, no sólo al que es homosexual, sino también a aquellos niños que no adoptan el patrón o estereotipo impuesto.

Testimonio de una chica de 18 años

Desde que soy niña, todos los domingos vamos a comidas familiares en casa de mi abuela. Cuando era muy chavita me divertía jugando con mis primos. Jugábamos al fútbol y al béisbol hasta que tuve 11 años y mis papás me prohibieron jugar con ellos. Eran puros hombres, y me dijeron un día que ya no estaba en edad de jugar, que ya era yo una señorita. Entonces me sentaba en la sala a oír las conversaciones de mis tíos y mis papás. Desde entonces oigo que se critican entre ellos toda la comida. Todavía, camino a casa, siguen hablando mal unos de otros. Conforme crezco, menos me gusta ir. Tengo un primo que tiene 15 años y es muy amanerado. Toda la familia se burla de él. Todo el tiempo les dicen a mis tíos que cuiden a mi primo, que ya se le ve que "cacha granizo" y esas cosas. Si mi primo llega de jugar a la sala, mi tío —su papá— lo agarra del brazo y delante de todos le dice: "¿Ya oíste lo que me están diciendo? ¡Dicen que se te anda volteando la tortilla! ¡Defiéndete!" Y todos en la sala se le quedan viendo. Mi primo se suelta y se va a esconder, y luego ya no quiere jugar ni hablar con nadie. De todas maneras nadie lo busca. Recién le marcan que es maricón, nadie quiere llevarse con él, como si fuera una enfermedad contagiosa. Lo mismo sucede con mi prima que tiene 15 años y que ya es una mujer. De ella también se burlan porque "ya está muy desarrollada", y hay tíos que pasan y le pellizcan las nalgas y ella se enoja y también se desaparece. En fotos familiares, algunos tíos hacen como si le agarraran las chichis y todos se ríen. A mí también me pasó lo mismo cuando me empecé a desarrollar. Todo ese ambiente es muy humillante. Ningún adulto defiende a mis primos; menos sus propios padres porque son los primeros que se burlan. El ambiente es muy pesado y vulgar. Mi familia es muy castrante, peleonera y criticona. Nadie se siente feliz en esas comidas y de todas maneras todos siempre van. Es muy triste e incómodo.

118

Víctima presencial

Se piensa que la violencia entre padres no tiene por qué afectar a los hijos. La realidad es que sus efectos son trascendentes. La violencia presenciada por los hijos, además de provocar daño emocional, termina por corromper a los menores, quienes también son víctimas y sufren un profundo daño psicológico. Reciben toda la maldad que la violencia conlleva al ser hijos de la víctima. Muchos menores se sienten culpables porque creen que ellos son los causantes de las disputas de sus padres. Además, asimilan un aprendizaje de conducta violenta que podrán repetir en su vida adulta, ya sea como ejecutores o como víctimas, pues acaban por pensar que la violencia es inherente a la vida familiar. Los niños aprenden conductas negativas interpretando que así es como hay que tratar a la madre; o aprenden el prototipo de pareja y de familia con el que se identifican en su vida adulta.

Otro tipo de maltrato psicológico muy común es el que se inicia a partir de la dinámica de crisis que se establece entre los padres. Dada la enorme sensibilidad de los menores para detectar los conflictos emocionales que los rodean, sus reacciones se verán mucho antes de que llegue a producirse la ruptura efectiva (separación o divorcio) entre sus progenitores. El menor capta el deterioro progresivo en la convivencia de la pareja a través de la falta de cariño y la hostilidad mutua. Cuando los padres por fin se separan, es común que la violencia se prolongue más allá del divorcio y los progenitores intenten agredirse mutuamente a través de los hijos. Para los niños el día de visita o convivencia con el padre o la madre se convierte en reclamos continuos en donde uno de los padres pone a los hijos en contra del otro, hasta lograr un distanciamiento efectivo entre ellos. El testimonio de muchos hijos de divorciados asegura que ésta es la peor parte del trauma.

Invasión de la intimidad

La intimidad es un derecho de todo ser humano, no importa la edad que tenga. La violación de la intimidad es una forma de violencia. Los padres deben respetar siempre este derecho. Hay muchas formas de violar la intimidad de un niño o adolescente. Actos que parecen tan inofensivos como abrir la puerta de una habitación sin llamar antes o hacerlo cuando la niña se está bañando son violaciones a la intimidad. Privar a un niño de su espacio, sin previo aviso, para atender a un huésped, leer las cartas, escular los cajones, revisar un diario, escuchar una llamada telefónica o abrir la mochila sin que el niño esté son formas de invasión. Jamás se debe invadir aquello que forme parte de lo que el niño considera íntimo. El abuso sexual o los tocamientos son la peor forma de violar este derecho. Algunos padres consideran que los niños no tienen intimidad o que, por ser sus hijos, tienen derecho a entrometerse en todos sus asuntos. Es necesario detectar todo aquello que el niño o la niña considera parte de su intimidad y respetarlo.

Testimonio de una joven de 14 años

Soy la única mujer de cuatro hermanos. Desde pequeña he tenido una habitación para mí sola porque mis papás consideraron siempre que una niña no debe dormir con sus hermanos hombres. Mi habitación es mi espacio íntimo, estoy acostumbrada a refugiarme en él cuando quiero, a tener mis cosas como a mí me gustan y detesto que alguien entre sin llamar antes. Mi mamá siempre lo hace y la detesto por eso. Pero eso no es nada. Resulta que a mis papás les encanta tener huéspedes y ¿qué habitación usan?, pues la mía si se trata de una mujer: tías que roncan, primas que se ponen mi ropa y hasta desconocidas que dejan sus cosas tiradas por todos lados. En una ocasión metieron en mi recámara a una prima de mi mamá que vino de Guadalajara a un tratamiento porque estaba enfer-

120

ma de los nervios. Yo tenía sólo diez años y me moría de miedo porque mis hermanos decían que estaba loca porque iba al psiquiatra. Nunca tuvo un arranque de loca como yo temía, pero se quedaba horas tirada en la cama con cara de tristeza y me hacía sentir muy mal.

Cuando el huésped es hombre, duerme en un sofá del estudio. Aunque no lo meten en mi habitación es muy desagradable que esté alguien ahí. No puedo ir a la cocina en pijama o ver la televisión que está en el estudio. La computadora también está ahí y es muy incómodo hacer una tarea en presencia del invitado o entre sus maletas. Sé que a mis hermanos tampoco les gusta pero no les molesta tanto como a mí. Siento que la casa es para la familia y uno no puede sentirse en confianza si a cada rato tenemos a alguien viviendo ahí. Hubo uno que se me quedaba viendo cuando no había nadie más. Yo sentía que me desnudaba con la mirada pero no podía decir nada, porque mis papás estaban encantados de tenerlo ahí, así que me la pasaba encerrada en mi habitación hasta que alguien más llegaba a la casa.

El miedo, el peor de los carceleros

El miedo es el medio usual y más fácil para controlar la conducta, la infantil y la adulta, pero es dañino. Perjudica los nervios y causa neurosis, de hecho suele ser el compañero inseparable de la infancia y de la neurosis. El miedo, como emoción, desorganiza y debilita la mente y, como sometimiento, inhibe y provoca timidez e inseguridad. Los niños no deberían sentir miedo, sin embargo, muchos padres llenan de miedos a sus hijos y hasta se divierten estúpidamente con las reacciones del niño. La popular frase "Ahí viene el coco" le da a entender al niño que su casa no es un lugar seguro. El adulto cómodo e ignorante utiliza el miedo para derrotar al niño. Una vez que lo logra, su hijo queda psíquicamente perjudicado. Crecerá para ser un adulto presa del miedo. Tendrá miedo del mundo, de las personas y de las situaciones, actuará obedeciendo al miedo; será su prisionero y difícilmente tomará decisiones de riesgo en la vida. Tratará de buscar seguridad en alguna rutina mediocre en donde nada cambie. Sin embargo, como esta vida se caracteriza por el constante cambio, sufrirá irremediablemente.

Cuanto más se entrometan los padres en la vida de su hijo y más lo castiguen por sus fallas y trasgresiones, más lo incitarán a mentir, hasta llegar al extremo de fabricar niños que son mentirosos crónicos. Los niños no mienten por gusto, lo hacen por miedo, por instinto de supervivencia, como una defensa ante padres que los agreden. No hay niños mentirosos, sino padres que obligan a sus hijos a que aprendan a mentir. Cuando se educa a los hijos aplicando el castigo como norma, los menores aprenden a mentir rápida e invariablemente. Y si se les castiga por mentir, lo único que se consigue es forzarlos a ser mejores mentirosos.

Testimonio de un hombre de 28 años

Yo no sufrí ninguna confrontación con mi padre cuando era niño. Recuerdo que desde chico mi papá me contaba de sus problemas en el trabajo, de cómo había tramposos y mediocres, y de cómo uno siempre tenía que estar muy "abusado" para poder sobrevivir.

Entendía que mi papá me estaba haciendo un hombre de bien: trabajador, además de fuerte y "vivo para los negocios". Cuando llegué a la edad de decidir una carrera quise estudiar pintura, pero mi papá dijo que eso era para bohemios y maricones. No me dejó escoger libremente. Me convenció de estudiar Administración y yo no tuve la fuerza de seguir mi convicción hacia la pintura. A veces me pregunto si de verdad no tenía vocación, o si no luché por esa carrera porque me iba a traer muchos problemas con mi papá. Me hice el loco y pensé que me convenía mejor estudiar Administración porque mi papá me iba a pagar el instituto. Me fue bien en la carrera. Al poco tiempo de terminar encontré trabajo en una empresa. Cuando le platicaba a mi papá de mis compañeros, él me decía que tuviera cuidado y que no confiara mucho en ellos. "Ya ves todo lo que me ha pasado a mí, la gente es muy envidiosa", me decía. Y me aconsejaba siempre estar distante, ver cómo se movían los demás y tratar de saber sus verdaderas intenciones. "Los que se te acercan es que seguro envidian tu puesto y te quieren quitar de ahí", también esto me decía. De mi primer trabajo me salí porque me sentía solo. No me llevaba con nadie y sentía que todos me tenían envidia. De mi segundo trabajo me salí porque el ambiente era muy hostil. La gente dejó de saludarme y oí a unos compañeros diciendo que yo era muy competitivo y desleal. Yo no siento que era desleal, sólo que tomaba mis precauciones porque desconfiaba de la gente para poder mantener mi puesto. En el trabajo que tengo ahora me siento muy incómodo, también es una empresa. Siento que no tengo seguridad en mí mismo para tratar a las personas que conozco y para llevarme bien con mis compañeros. No quiero que me traicionen ni que me "grillen". Pero cada vez me gusta menos ir al trabajo porque no tengo amigos, ni conocidos, ni sé ahora cómo empezar a hacer relaciones sociales. Mi papá me dice que es mejor así, pero yo me siento solo. Creo que he perdido la seguridad. No, creo que nunca tuve seguridad. No quiero culpar a mi padre, pero creo que al enseñarme a desconfiar de todo el mundo, desconfié de mí mismo y ahora ya no sé ni cómo soy, ni cómo ser con los demás. Me da miedo relacionarme. Mi papá tampoco tiene amigos. Sólo me tiene a mí. Yo lo tengo a él, pero a veces quisiera llevarme con más gente. Lo malo es que a estas alturas ya no sé ni cómo se le hace.

5. Las defensas del niño y sus consecuencias

Para sobrevivir a una situación estresante en la que se siente confundido, caótico y abrumado, el niño desarrolla mecanismos de defensa que utiliza para poder lidiar con una situación que, de otro modo, sería intolerable. Como medio de supervivencia, echa mano de una estrategia de defensa en contra de la experiencia con la que no es capaz de lidiar por ser demasiado confusa para él. Sin estas defensas, el niño no podría lidiar con el tumulto de emociones que el entorno le provoca y que no comprende. Se trata de un mecanismo natural que, en su momento, lo salva del caos.

Pero estas defensas pueden tener consecuencias graves en la edad adulta. Lo que funcionó en la infancia como estrategia de supervivencia para un niño que intentaba lidiar con el caos se vuelve un problema en la edad adulta, ya que puede convertirse en una reacción emocional que se va a activar en forma automática ante situaciones particulares. Muchas de las reacciones emocionales que no podemos evitar responden a semillas sembradas en la infancia. Este mecanismo actúa desde el inconsciente por lo que nos es difícil entender por qué algo sin importancia puede detonar un estallido emocional en nosotros que se presenta fuera de nuestro control.

Blindajes de protección

Una de las defensas que utilizan los niños ante una situación desagradable es viajar mentalmente al futuro. Esto ayuda a mitigar la sensación de caos y es común en niños que se encuentran atrapados en una situación como puede ser la pobreza o un padre enfermo al que tienen que cuidar. Estos niños viven preocupados por lo que van a comer, por el padre que no puede valerse por sí mismo. De adulto su cuerpo estará presente pero su mente estará siempre anticipando el futuro planeando, imaginando catástrofes o desenlaces felices como sacarse la lotería. El problema de esta actividad mental es que los mantiene desconectados de la realidad presente impidiéndoles lidiar con ella. Además crea ansiedad por el miedo a un futuro imaginario. Algunas personas se la pasan imaginando catástrofes fatalistas. Otras crean fantasías y viven imaginando historias felices. Por otra parte, el niño que tiene que cuidar al padre o a la madre, de adulto se convierte en un adulto controlador. Estará siempre preocupado por lo que pueda ocurrir si él no se encarga de las cosas.

Al utilizar la fantasía, el niño se escapa de la situación actual imaginando escenas felices en el futuro. Esto le ayuda protegiéndolo de la interacción perturbadora que se está llevando a cabo en su familia. Estas fantasías pueden ser como la de la niña que imagina que un príncipe llegará para llevársela a vivir feliz para siempre o la de un niño que imagina que llegará a ser un cantante famoso. El niño puede crear todo un sueño en el que suele tener otra identidad. El problema es que de grande seguirá fantaseando. Sueña con sacarse la lotería en lugar de ponerse a estudiar o trabajar. Vive imaginando el futuro y no experimenta el presente. Éste es el caso del complejo de Cenicienta que vemos en casi todas las telenovelas desde que se inventó la primera historia de *Simplemente María*.

126

La constante preocupación por el futuro crea ansiedad anticipatoria, la persona sufre tremendamente porque tal vez dentro de un mes se quede sin trabajo o le ocurra un accidente. Otra modalidad de esta defensa es la planeación. "Un día de estos le diré, lo dejaré, etc." es una forma de desquite mental. Es la defensa que utiliza el niño que no puede decirle a sus padres cómo se siente, entonces imagina un momento en el futuro en el que se los dirá. En su mente mantiene una conversación futura, da explicaciones, se justifica y arma todo un caso, planea argumentos como un abogado que prepara una defensa. De adulto se queda con la explicación en la mente y actúa como sí ya hubiera aclarado las cosas cuando en realidad nunca lo hizo. Es probable que no entienda por qué su pareja sigue enojada con él.

Cuando la situación es muy amenazadora el niño trata de escapar y en ocasiones se desconecta mentalmente de la situación desagradable. En psicología a esto se le llama disociación. Su mente se va a otro lado y así deja de sentir. Ya no está ahí porque desaparece. Se experimenta a sí mismo en otro lugar, se siente invisible y se imagina que en ese instante está en un lugar más agradable. Para evitar estar ahí se va mentalmente a la playa, a la feria o a un mundo feliz que imagina. En la edad adulta se desconecta del presente automáticamente. Parece que está ahí y que nos está escuchando, pero en realidad su mente está en otro lado y no recordará lo que se dijo.

Otra forma de desconexión es anestesiando una parte del cuerpo. Esto es común en el caso del abuso sexual. La niña o el niño desconecta esa parte del cuerpo y ya no la siente, sólo así puede tolerar los minutos de tortura que dura el abuso. De adulto presentará problemas de impotencia o de frigidez. También es posible que el niño se desconecte de un sentimiento particular. El niño al que no le es permitido demostrar afecto se desconecta de ese sentimiento y de grande no podrá sentir afecto por nadie.

Otra forma de defensa es no ver lo que está ahí. Esta defensa afecta sólo la percepción. De adulto será probable que no vea los defectos del otro cuando se enamora y no se dé cuenta de que hay un problema. Su mente selecciona sólo aquello que le es agradable e ignora lo desagradable. El niño espera ser amado. Cuando su madre ejerce violencia contra él, le resulta intolerable y muchas veces prefiere negar semejante realidad. Se desconecta del pasado y su memoria retiene sólo los instantes agradables. "Mi madre era muy buena" aseguran muchos pacientes al llegar al consultorio. Más tarde, cuando la terapia les ayuda a sacar la realidad de lo que vivieron en la infancia, terminan reconociendo que no los quería y les hizo mucho daño.

Un mecanismo de defensa que utilizan algunos niños es la distorsión: "Papá me pega porque me quiere, porque le importo". Y es que a veces el golpe es el único contacto que tiene el padre con el hijo, y éste prefiere pensar que así se acerca y lo toma en cuenta. Cuando la madre no parece ver el problema de alcoholismo de su marido, el niño puede optar por lo mismo, creando la ilusión de que si mamá no lo ve es que no existe. Como los adictos no ven que tienen un problema, el padre también juega su papel en esta distorsión. El alcohol y las drogas además cooperan con el bloqueo. De grandes harán lo mismo con los problemas, no los verán venir hasta que les estallen en la cara.

Otros niños no sólo no ven lo que está ahí, sino que además se hacen la ilusión de ver lo que no está. La ilusión es una mentira, uno ve lo que no está ahí. Una de las maneras de utilizar la ilusión como defensa es magnificando. La persona convierte en un gran evento el detalle amable mientras no ve que el resto es desastroso, o viceversa.

Otro tipo de ilusión que crea el niño consiste en creer que es especial o elegido. Se convence de que Dios enviará a sus ángeles y todos se darán cuenta de que es especial y lo reconocerán.

De adulto puede creer que ángeles o guías le hablan y le comunican profecías prometedoras. Otra forma de ilusión es creer que lee la mente de los demás. No tiene evidencias pero lo da por hecho y asume que sabe cómo siente o piensa el de junto. El niño aprende que cuando papá usa ese tono de voz especial después viene un regaño o un abuso. No se da cuenta de que fue el tono de voz lo que lo alertó sino que cree haberle leído el pensamiento. Es común que estas personas de grandes imaginen que los demás piensan mal de ellos y los juzgan.

Un niño con padres que alternan entre amor y agresión queda muy confundido. Más tarde se sentirá confundido ante cualquier argumento; abrumado, sin control, en una especie de vacío. Cuando los padres exigen al niño cosas imposibles de lograr, se crea en él un sentimiento de confusión o caos y se siente abrumado. Después siente lo mismo ante cualquier tarea y es probable que ni siquiera la inicie porque se siente derrotado desde antes. El niño aprende que mostrar confusión hace que el otro lo rescate y haga las cosas por él. Aprende también que es una buena táctica para evitar el castigo. De adulto mostrará confusión ante cualquier problema que se le presente y se quedará ahí sin ser capaz de resolverlo. También aprende a manipular a sus padres creando confusión. Sabe que si rompe los vasos ya no le pedirán que los traiga a la mesa o bien le prestarán atención. Más tarde creará caos automáticamente aunque después no entienda por qué los demás lo rehúyen.

Muchos niños y niñas víctimas de abuso sexual recurren a la defensa de la amnesia. La negación es tan fuerte que olvidan por completo la situación. El problema es que de adulto padecerá los síntomas de una persona de la que se abusó pero no tendrá idea del porqué.

Cuando la madre utiliza frecuentemente amenazas como "Si te portas mal, ya no te quiero", el niño tendrá la creencia de que el cariño es proporcional al comportamiento. Cuando más adelante una joven no lo quiera creerá que se debe a que hizo algo malo.

Otro aprendizaje es el de recibir atención de calidad sólo cuando se está enfermo. El niño deseará enfermar y hasta es probable que se provoque la enfermedad si encuentra la manera. Tendrá accidentes, primero buscados y después en forma involuntaria. Puede convertirse en hipocondríaco aunque de adulto no entenderá por qué los demás no corren a su lado cada vez que se enferma. Lo cierto es que la mayoría de la gente se cansa de sus continuos achaques y termina por no hacerle ningún caso.

Muchos niños aprenden a complacer a mamá para sobrevivir. Tienen tanto miedo a los arranques violentos de su madre o de su padre que prefieren renunciar a sus deseos, inquietudes y necesidades. El niño renuncia a sí mismo reprimiendo sus deseos y necesidades y se convierte en una persona complaciente que en realidad oculta una gran cantidad de ira y frustración. Éste es el caso de muchos codependientes. No saben pedir lo que quieren, nunca lo aprendieron, probablemente van por ahí esperando que alguien les dé lo que no se atreven a pedir. Algunos esperan que su pareja les lea la mente y se enojan porque no lo hace. Cuando el niño tiene que reprimirse y pretender que sus deseos no son importantes más tarde en la edad adulta es posible que no sepa qué quiere.

Un blindaje de protección muy visible en muchas mujeres es la gordura. Cubrir el cuerpo con capas de grasa protege a las jóvenes del acoso sexual. Muchas sufrieron abuso sexual de niñas.

Los niños sobreprotegidos se dan cuenta de que actuando como si fueran bebés pueden manipular a su madre y obtener así lo que desean. El problema es que de grandes van por ahí actuando como si fueran niños y quedando muy confusos porque esta actuación no les da resultado.

La última defensa de un niño sano es huir de su casa. La mayoría de los niños que vemos en la calle prefirieron escapar del infierno familiar. Para estos niños la jungla de asfalto con todos sus peligros y amenazas es un sitio más seguro que el propio hogar. Prefieren pasar hambre, vejaciones y frío que volver a su casa, la casa del horror.

Los vemos en las banquetas, en los camellones, en los semáforos, en los parques y hasta en las alcantarillas. Se han convertido en un problema que, si bien por mucho tiempo se quiso ignorar, ha tenido que reconocerse por sus alarmantes dimensiones. Los gobiernos no saben qué hacer; dan discursos, inventan programas y hasta sueñan que a lo mejor se soluciona el problema desayunando tamales con algunos de ellos enfrente de las cámaras de televisión. Pero la realidad es escalofriante, gran parte de nuestra niñez crece en la calle sin nutrición, sin vacunas, sin escuela, sin papeles, sin amor. Y, sin embargo, sobreviven. Se vuelven delincuentes por necesidad y la sociedad se aterra ante el futuro de más violencia que esto presagia. Sin embargo, a todos parece olvidárseles la causa, la violencia doméstica, y muy poco se hace por prevenirla. Estos niños escapan a reglas disciplinarias denigrantes pero, por desgracia, se incorporan a otras formas de esclavitud, como bandas, una vida controlada por las drogas, las mafias que someten a menores para corromperlos en prostitución, tráfico de drogas, etc. Al llegar a la etapa de la adolescencia y juventud, estos menores se constituyen en un semillero alarmante de delincuencia con un resentimiento social estimulado a niveles extremos, trayendo como resultado niveles de destructividad difíciles de contener. No todos se convierten en delincuentes, afortunadamente, pero ante el cuidado inapropiado se encontrarán con más dificultades en sus recursos personales para adquirir un modo de ascenso social, por lo que sí tendrán más posibilidades de reproducir el mismo esquema de vida del que proceden, carentes de un esquema de valores, una ética y una moralidad que les permita incorporarse como seres positivos a la sociedad.

Para ellos el concepto de familia no representa un elemento de arraigo y mucho menos es factor de unidad. Si llegan a formar una familia van a reproducir los mismos deteriorados esquemas bajo los cuales subsistieron: con sentimientos de autodestrucción, abandono, incomprensión, baja autoestima y depresión. Generarán relaciones destructivas totalmente alejadas de lo que podría ser una verdadera familia y, por consiguiente, sus relaciones con el entorno serán violentas o con tendencias autodestructivas.

La importancia de escuchar

Los niños requieren ser escuchados y comprendidos. Cuando se dan cuenta de que no pueden comunicar lo que sienten porque no se les entiende o simplemente porque no hay quien les preste atención, se sienten frustrados. Muchas madres se quejan de que sus niños no les dicen qué sienten o piensan aunque ellas insistan en preguntar. Cuidado. Los motivos del silencio pueden ser graves. El primero tal vez sea el miedo. El niño cree que algo terrible le va a pasar si dice lo que de verdad siente. Es común que el niño que se atreva a decir algo como "Odio a mi abuelo" reciba un fuerte regaño o hasta un castigo. Cuando le decimos que es malo odiar el niño ya está atrapado. El odio está ahí, lo está sintiendo y lo único que podrá hacer es reprimirlo y sentirse malo. Que no lo vuelva a expresar no quiere decir que no lo sienta, simplemente le hemos puesto un tapón en la boca con el que aprenderá a reprimir sus sentimientos, represión que algún día estallará como una olla de presión causándole problemas.

Cuando el niño expresa un sentimiento cometemos muchos errores, como juzgarlo, callarlo, aconsejarlo, darle la razón, desviar el tema o no prestar atención. Todo menos escuchar. Esto lo aparta de nosotros y lo fuerza a reprimir aquello que está sintiendo. Cuando un menor está trastornado necesita comprensión y afecto antes que razones, explicaciones o apoyo. Jamás debemos exigirle que sienta y reaccione como nosotros.

Cuando el niño exprese un sentimiento negativo como la ira es momento de ayudarlo a lidiar con él. El primer paso para hacerlo es la aceptación, y para que el niño lo acepte tiene que aceptarlo usted. Para que el niño pueda manejar una emoción es necesario que antes se permita sentirla en toda su dimensión. Lo mejor es dejar que se exprese, que diga todo lo que siente. Tenga paciencia y no califique lo que el niño le comunique. Verá que una vez que todas las emociones hayan sido descargadas, se irá tranquilizando y él mismo, porque es inteligente, comenzará a ver con claridad toda la situación. Usted no tiene que hacer mucho, sólo necesita estar ahí con él y escucharlo. Si logra hacer esto, le hará un gran favor a su hijo. Podrá continuar su vida sin la carga pesada de la emoción reprimida. Le ahorrará un estallido futuro o una catarsis en el diván de un consultorio, porque todas las emociones reprimidas son bombas de tiempo que, mientras no estallen, pesan tanto que nos dificultan la vida y conspiran contra la salud física, emocional e intelectual.

Los padres necesitan ganarse la confianza del niño. Él debe saber que sus sentimientos son respetados. La burla o el desdén pueden humillarlo. Una vez que esto ocurre, empezará a guardarse lo que siente. Por eso, no perder la confianza del niño es fundamental. Un menor que deja de expresarse puede llegar a ocultar cosas importantes.

No hace mucho, las personas que escuchan el programa de radio, quedaron muy impresionadas al escuchar la voz de una niña de 12 años que padece una fuerte depresión. Cuando escuchamos de su propia voz la cantidad de veces que pensó en morir nos costaba trabajo creerlo. Pero quien estaba más asombrado era su propio padre. Él sabe perfectamente cómo es la enfermedad de la depresión porque la ha padecido desde joven, además, como buen científico, está muy bien informado de todos los síntomas. Sin embargo, nos dice, jamás se dio cuenta de que su niña, a quien adora, estuvo sufriendo varios años por ser víctima de este padecimiento. Tal vez suponía que la niña le contaría cualquier cosa que la perturbara. La verdad es que guardaba silencio, y este silencio es lo que debía ser escuchado.

Los niños también se expresan a través del lenguaje corporal, que suele ser más preciso que el hablado. Un niño que se mueve lentamente, que no muestra ilusión por nada, que se vuelve retraído, es un niño al que le está ocurriendo algo.

Los actos pueden necesitar límites, pero la expresión de los sentimientos sólo debe limitarse en cuanto a con quién, cuándo y dónde se efectúe. Los sentimientos del niño son reales para él independientemente de lo real o imaginarios que puedan ser los hechos que los provocan. Cuando hablamos de escuchar nos referimos a una manera activa, no pasiva. La ira, sentimiento normal, suele enmascarar un sentimiento anterior. Si sabemos escuchar, veremos que su propia expresión nos conduce a la emoción subyacente. Puede tratarse de alguna necesidad física o emocional que no ha sido satisfecha. Puede tratarse de frustración, un exceso de comparaciones, muchas exigencias o tensión familiar.

6. Educación sexual

La sexualidad humana es, probablemente, uno de los aspectos menos enseñados en el nivel académico primario después de las funciones de nuestro cuerpo. Esto constituye verdaderamente un hecho asombroso. Ha faltado la asesoría correcta en los programas educacionales. Hasta el día de hoy resulta muy poco probable que un niño de primaria sepa precisar o explicar lo que quiere decir una persona cuando dice "Me siento mal de los nervios" o "Estoy muy nervioso". En nuestro país lo que se llama estar enfermo de los nervios es un verdadero enigma para los psiquiatras porque el sistema nervioso se compone básicamente de un sistema nervioso voluntario o central y uno involuntario, autónomo. Éstos son los responsables de absolutamente todas las funciones de nuestro organismo, y además regulan por medio del cerebro nuestros sentimientos, nuestras emociones y nuestra conducta. Y los niños y los jóvenes mexicanos no saben esto tan importante, no tienen la menor idea de qué son o qué no son los nervios.

El cuerpo humano es la casa en la que habitamos cada uno de nosotros, pero no la conocemos. Imagine que alguien le dijera que hay un cortocircuito en su casa, uno preguntaría en dónde, porque la casa tiene varias habitaciones: cocina, patio, sótano, etc. Pues bien, lo mismo sucede cuando alguien nos habla de nuestra manera de sentir, de pensar, de actuar, de comer o cualquier otra función como pensar, mirar o escuchar. El desconocimiento brutal de la casa en la que vivimos, nuestro cuerpo, es muy significativo cuando algo le sucede en una etapa del crecimiento en nuestra vida. Cuando decimos al médico que nos sentimos muy mal, el médico a través del interrogatorio va precisando qué es lo que nos hace sentir mal. El síntoma común de la enfermedad física es el dolor y se encuentra localizado. Pero cuando el dolor es de carácter emocional, generalmente hay una imprecisión y gran dificultad para describir los sentimientos y las emociones. Un ser humano que no ha aprendido a describir lo que pasa en su cuerpo mucho menos sabrá qué le pasa subjetivamente en aquello que se llama estados emocionales o afectivos, el carácter o la personalidad.

Hay una carencia enorme en la enseñanza de lo que son todas estas funciones y cuando se trata de la sexualidad humana, que es probablemente donde convergen las sensaciones físicas con los sentimientos subjetivos de las emociones, o sea donde se mezclan, la ignorancia es todavía mayor. Pregunte a un adulto informado qué es el orgasmo. Si ha leído, probablemente pueda describir las fases muy al estilo de Master y Johnson, con lujo de detalles, indicando qué es lo que cambia en la piel en la primera, segunda, tercera y cuarta fases, qué es lo que cambia en las vísceras, qué es lo que cambia en los genitales masculinos y femeninos, etc. Pero pregúntele qué se siente en un orgasmo y difícilmente podrá describirlo, responderá en forma abstracta diciendo cosas como se siente muy bonito, siento que me voy a desmayar, se siente la gloria o siento que es el único camino que Dios escogió para llegar a Él. Obviamente una de las más grandes carencias de información que padecemos los mexicanos es la información relacionada con el cuerpo.

Abordar con los niños los temas referentes a la sexualidad es quizás uno de los aspectos que causa mayor problema a los padres. La mayoría de los papás consideran que la educación sexual es dar una clase de anatomía o alertar sobre los peligros del sexo. Suelen preguntarse qué tienen que decirles a sus hijos y cuándo es el mejor momento. Lo más importante es transmitirles una actitud positiva y responsable ante la sexualidad, dejando a un lado los prejuicios y falsas creencias. Para esto, lo mejor es documentarse correctamente e informarse desde antes. El tema debe ser tratado como algo natural, intentando que el vocabulario sea accesible. Si el niño hace una pregunta que nos parece embarazosa, es necesario reflexionar y responder de forma clara y sencilla.

El tema de la sexualidad debe abordarse como cualquier otro, desde la confianza y el respeto; hablar abiertamente aunque se trate del otro sexo, procurando dar especial importancia al respeto de las diferencias. Es necesario que la educación sexual no sea restrictiva, negando el disfrute y el placer. Hay que tomar en cuenta que implica algo más que enseñar los hechos de la reproducción y el nombre de los órganos involucrados. También debe fomentar actitudes saludables hacia el cuerpo, los sentimientos y el rol sexual. Debemos tener cuidado con los propios escrúpulos y presentar los hechos tal como son cuando el niño pregunte.

El niño no debe presenciar las relaciones sexuales de sus padres. La experiencia sería traumatizante, pues la genitalidad de un ser humano está construida en el pudor, en el respeto de los demás y en la castidad de los adultos ante los niños. Es una experiencia que pervertiría al niño. La educación sexual implica más que enseñar los hechos de la reproducción. Además de la educación anatómica debe tratarse de una educación de la sensibilidad. Significa, además, fomentar actitudes saludables hacia el cuerpo, los sentimientos y el rol sexual. Las actitudes que el niño tenga hacia su cuerpo se verán afectadas por la forma en que lo

137

acariciemos, lo alimentemos, lo vistamos, lo bañemos y le enseñemos a usar las instalaciones sanitarias. Aprenderá a respetar su cuerpo si le enseñamos las diferentes partes por su nombre y evitamos comentarios que lo hagan pensar que algo en él es sucio. Estas actitudes dependerán también de sus progresos en las tareas de desarrollo, de la forma en que tratemos sus sentimientos negativos, de la clase de modelos que le ofrezcamos, del tipo de disciplina que empleemos con él, y también de las influencias que reciba fuera del hogar.

Las actitudes de los padres respecto del sexo son contagiosas. Se requiere que ambos sean sinceros acerca de cualquier escrúpulo que puedan alentar. Hay que hacer que la responsabilidad por tales escrúpulos recaiga donde corresponde: sobre la propia enseñanza pasada, y no sobre el tema del sexo. Es bueno presentar los hechos del sexo cuando el niño pregunte. Si no lo hace, conviene iniciar la conversación dando información introductoria a más tardar a los cinco años. Ayudará poner en sus manos libros de educación sexual apropiados para las sucesivas etapas de crecimiento que el niño atraviese.

El éxito de un ajuste sexual sano con su pareja será más probable cuando el joven sea emocionalmente maduro. La autoestima afecta directamente la conducta sexual. Un autorrespeto fuerte permitirá a su hijo establecer un matrimonio enriquecedor, responsable y comprometido, con una persona de autoestima similar a la de él. Una pareja así es la que más probabilidades tiene de hacer que crezca la confianza en sí mismos de sus propios hijos.

Insisto en que es importante iniciar la educación sexual a edad temprana, adelantándose a la información distorsionada que el niño suele recibir de la televisión y el medio en el que se desarrolle. En México existe una gran desinformación sumada a una información parcial, a veces ridícula, proporcionada por las imágenes que se muestran en los medios de comunicación. En muchos hogares al pene se le llama "pajarito" o "eso", y a la vulva se le llama "cola" o "colita", o incluso se utilizan nombres de frutas. Al acto sexual se le dice "hacer el amor" y pareciera que el lenguaje que describe con exactitud y corrección la sexualidad humana es tabú, inmoral o prohibitivo.

Gracias a la literatura especializada y a algunos medios de comunicación, como la radio que transmite programas sobre la sexualidad humana de los jóvenes, algunos médicos y personas interesadas en el conocimiento de este tema empezaron a percatarse de las enormes carencias que había en la educación formal. Fue hasta 1998 que la Secretaría de Educación Pública se permitió el lujo de publicar, muy ligeramente por cierto, en un libro de Ciencias Naturales de quinto año de primaria algo relativo a la sexualidad; desde luego, bien hecho, cuidadosamente pensado, pero obviamente con una información mínima de lo que deberían conocer los jóvenes que están en quinto año de primaria y que a los diez años de edad, por información oída o compartida en la calle, en la casa o en los medios, ya tienen una vasta idea de lo que puede ser la sexualidad, aunque muy imprecisa y poco confiable.

Un niño que no conoce su cuerpo, que ignora todo lo concerniente a la sexualidad humana y apenas está experimentando las diferencias entre el género masculino y el femenino, puede experimentar una ofensa física sobre su cuerpo o un abuso verbal o visual que va a repercutir emocionalmente en él. Cuando un adulto —hombre o mujer— de pronto le muestra sus genitales a un niño que nunca ha visto algo así, esto repercutirá en los sentimientos del menor; se va a asombrar, va a sentir curiosidad, va a tener una reacción emocional. Este niño preguntará sólo si tiene una buena comunicación con alguien.

Si la ofensa es sobre su cuerpo, también se va a sentir mal físicamente, puede darle mucho asco, miedo y una serie de sensaciones diferentes a las normales y naturales. Si estas sensaciones son provocadas por un familiar, como en el caso del incesto, el niño se va a preguntar además: "¿Por qué me hace esto fulanito a mí?, si ya le dije que no me gusta o que me da miedo". Va a haber además un desconcierto entre su apreciación de los roles: por qué le hace eso su papá, su tío o su hermano, si ellos lo deberían tratar bien. El niño se pregunta por qué el rol del amor, seguridad y afecto se invierte para convertirse en ofensa sexual, llámese como se llame en ese momento en la mente del niño.

Definitivamente, la incidencia del abuso sexual sobre los niños sería mucho menor si éstos estuvieran informados sobre su sexualidad. Pienso que así los índices descenderían notoriamente porque el niño avisaría y diría: "En la escuela me dijeron que mi cuerpo es mío, que es mi casa y mi casa es sagrada, que no la debe ensuciar o tocar nadie, ni debe entrar nadie si yo no lo permito y tal persona me ha querido ofender o tocar, o ha querido entrar en mi cuerpo". El solo hecho de poder comunicar eso abatiría las cifras del número de ofensas sexuales que existe a la fecha.

¿Por qué no se informa correctamente a los niños? Llama la atención la incapacidad de muchas de las iglesias del cristianismo, empezando por la católica, para informar dentro de esa doble moral e hipocresía que muestran. La Iglesia se opuso durante años, y se sigue oponiendo, a que exista la más mínima posibilidad de educación sexual. Yo me pregunto: si Cristo existió como un profeta que se dijo Hijo de Dios, ¿qué pensaría si hubiese existido en su experiencia el conocimiento del abuso sexual en un niño palestino, hebreo o judío?, seguramente se hubiera indignado y hubiera pedido alguna forma de sanción para el ofensor. Le hubiera dicho al niño y a otros niños en su recorrido por las tierras de Galilea: "No se dejen". De la misma manera que no permitió que los mercaderes estuvieran dentro de su templo y los corrió a latigazos, tampoco hubiera permitido que los adultos tocaran u ocuparan el templo sagrado de la inocencia de estas criaturas.

Tal vez mi mente sea muy perversa, pero supongo que la sexualidad de muchos sacerdotes es tan detestable, pervertida, oscura e hipócrita que les asustaría que sus fieles mujeres estuvieran informadas acerca de la sexualidad. Los curas, los sacerdotes o los ministros no tendrían con quién compartir su sexualidad, pues ellas entenderían que el padrecito las estaba seduciendo y no bendiciendo como creían en su ignorancia. Obviamente no les convendría porque el mercado de piernas abiertas se les cancelaría de inmediato a los jerarcas de las diferentes iglesias.

La Iglesia ha hecho todo por ocultar los escándalos sexuales de sus ministros. Sin embargo, en los últimos años han salido a la luz casos que son denunciados mucho tiempo después por un grupo de adultos que fueron víctimas de abuso sexual en la infancia mientras sus padres habían confiado a los curas su "educación". La bendición a la perversidad siempre ha sido dada por ese amasiato entre el dinero y la Iglesia, no con la religión ni las enseñanzas espirituales. El abuso sexual a un menor es imperdonable, pero es todavía más indignante cuando el delito se comete en nombre de aquello que predican los diez mandamientos y se amenaza a los niños con las llamas eternas del Infierno si dicen mentiras o desobedecen a sus mayores.

La forma que utiliza la Iglesia para seguir manteniendo la hegemonía y la hipocresía es educando a través del miedo, planteando la presencia del diablo y la amenaza del castigo divino. Hoy en día la información es responsabilidad de los medios. La educación de padres o religiosos de doble moral no va a poder con los medios, el niño va a escuchar que el diablo no existe porque su existencia equivale a negar la existencia de Dios todopoderoso, cuyo poder no puede ser compartido por una fuerza contraria. La Iglesia ha creado el pecado, el diablo y el miedo porque es la industria del perdón.

Toda esta gran falacia, esta gran mentira, se tiene que terminar a través de los medios que se atreven a decir todo o se han abierto para que alguien diga la verdad, ya sea una persona del público, un conductor o un invitado. El mito del sexo prohibido ya se acabó, en México ya no hay tabúes para hablar, los tres únicos que había ya se rompieron: nadie podía hablar de la Virgen de Guadalupe ni del Señor Presidente ni del Sagradísimo Ejército. Ha habido motivos para que algunos hablen cuestionando estos tres temas, primero como tabú y después en las acciones. No se puede hablar de una época globalizada cuando existen temas tabúes.

Estamos ante un hecho: el abuso sexual en la infancia y el incesto que, entre otras cosas, de manera muy importante, tienen en común la causal determinante, coadyuvante o predisposición de la ignorancia de los niños y jóvenes mexicanos sobre la sexualidad, y eso ha sido responsabilidad de los padres de familia, de la Iglesia, principalmente la católica, apostólica y romana, y de las autoridades de la educación. Sin embargo, hay países como España que, a pesar de ser mayormente un país católico, ha reconocido la magnitud del problema y lleva a cabo un programa muy extenso de educación sexual a todos los niveles. El Ministerio de Educación ha publicado una colección de textos dirigidos específicamente a padres, maestros, niños, adolescentes y jóvenes. Este programa se lleva a cabo actualmente en todas las escuelas, tanto públicas como privadas, y forma parte del plan escolar. El programa va acompañado de mensajes como los siguientes:

En ocasiones, ciertos temas nos producen tanto rechazo por su dureza que preferimos no hablar de ellos. Éste es el caso del abuso sexual a menores.

142

Nos resulta tan difícil asimilar que algunas personas puedan cometer actos tan crueles como abusar de la inocencia y debilidad de los menores agrediéndoles sexualmente, que preferimos ignorarlo o pensar que ocurre con escasa frecuencia. Pero ésta no es la realidad. La realidad es que un elevado porcentaje de menores sufre abusos sexuales en nuestro país, más concretamente en torno a 23% de las niñas y 15% de los niños.

Los padres en relación con este tema podemos y debemos:

Proteger de los riesgos
Observar los cambios bruscos
Escuchar a los hijos
Hablar con los hijos
Colaborar con la escuela
Creer a los hijos
Denunciar estos casos.

Usted no puede encerrar a sus niños para que no les pase nada ni cuidarlos todo el tiempo para que no se les acerque nadie. Lo mejor que puede hacer para protegerlos es asegurarse de que estén bien informados. Un niño o una niña con una buena educación sexual no va permitir el abuso sobre su persona ni estará confundido considerando si las caricias o actitudes de cierta persona son muestras de cariño u ofensas.

7. Separación de los padres

Aunque el niño sea pequeño, el hecho de que sus padres se separen revolucionará su existencia. Por ello, los padres tienen que hacer todo lo posible para que esta decisión le resulte lo menos traumática posible. Las separaciones de pareja no se dan de un día para otro. Siempre hay un tiempo previo en el que se va viendo que las cosas no funcionan, en el que posiblemente exista tensión entre los padres, y esto el niño lo siente. No es verdad que se le pueda ocultar el hecho de que hay problemas. Tal vez no sepa qué está pasando, pero sufre porque siente el malestar y no lo entiende. Es necesario comunicarle, con toda la sinceridad y la claridad posibles, lo que está sucediendo.

Entre los dos años y medio y los seis, los pequeños suelen interpretar el proceso de separación de los padres como debido a algo malo que ellos han hecho. Se sienten culpables y suelen reaccionar con irritabilidad o bien con mansedumbre excesiva, pero siempre en uno de los dos extremos. Entre los cinco o seis años hasta los 11 son habituales los cuadros depresivos angustiosos, la apatía, la baja en el rendimiento escolar y una menor relación con sus amigos, familia y compañeros, manteniendo a menudo la ilusión de que sus padres volverán a unirse y de que todo volverá al estado anterior. Los adolescentes a veces asumen responsabilidades del padre que se retira (lo que se define como madurez precoz) o se van al otro extremo mostrando conductas antisociales.

Cuando no se tiene en cuenta al menor en la toma de decisiones de un proceso de separación, o sea que no se le informa debidamente la realidad y no se escuchan sus opiniones al respecto, sufrirá más, tenderá a evidenciar el proceso de modo más patológico y resultará dañada su autoestima. Pero en el otro extremo, cuando por inseguridad o culpabilidad los padres dan a entender al menor que es acreedor de cualquier derecho como compensación por el sufrimiento de la separación paterna, éste acaba por desarrollar un comportamiento de control y chantaje sobre ellos, perjudicando la vida de éstos y su propio desarrollo personal.

Cuando se toma la decisión definitiva de la separación, es imperativo dársela a conocer al niño, proporcionándole información práctica que le permita conocer con exactitud con quién va a vivir, dónde, cuándo, cómo podrá ver al otro padre y de qué forma estará organizada su vida. Los niños son personas de costumbres y tranquilizarlos diciéndoles que su ritmo de vida no sufrirá grandes cambios, que dormirá en la misma cama de siempre o que sus juguetes seguirán siendo los mismos, les creará puntos de referencia que les permitirán acostumbrarse a esta nueva situación de manera menos dramática. Pero lo más importante es asegurarle que no perderá en absoluto el cariño y el afecto de ambos padres, en especial del que se va.

Es un error intentar explicarle los detalles o los motivos de la separación acusando a la pareja o mostrando enojo hacia ella. Lo que al niño le interesa y necesita es tener asegurado el afecto y la disponibilidad de sus padres. Cuando crezca y sienta la necesidad, será él quien haga las preguntas que le permitirán entender las razones del divorcio de sus padres.

Para el niño es importante ver que sus padres se respetan aunque no sigan juntos. Utilizar a los hijos como instrumento de venganza contra la ex pareja les creará problemas emocionales muy serios y los harán sentirse culpables de la separación. Cualquier padre inteligente debe comprender que el niño es una víctima de esta situación y que, en cualquier caso, se le debe proteger a toda costa. Es muy importante comprender que el otro, aunque parezca que se ha convertido en enemigo, sigue siendo una figura importantísima para el hijo. Por consiguiente, es oportuno dejar que sea el niño quien juzgue la situación, sin convertirlo en un instrumento, y que sea libre en su legítimo derecho de querer a los dos.

Son muchas las madres que, cegadas por el rencor, tratan de convertir al niño en su aliado, de ponerlo en contra de su padre. Lo cierto es que, lo consigan o no, le están haciendo un daño emocional a su hijo que más adelante le causará problemas en sus relaciones afectivas.

Si la madre se vuelve a casar, es posible que su nueva pareja asuma el papel de padre. Sin embargo el niño debe tener claro quién es su padre biológico, aunque haya desaparecido por completo. Es importante responder cualquier pregunta con la verdad. De esto depende la confianza que tendrá en sus padres. La madre que decide volver a casarse debe tomar en cuenta la seguridad de los niños. Por desgracia, hemos recibido demasiados testimonios de madres, casadas por segunda vez, que se quejan de que su marido es alcohólico (igual que el primero), que las maltrata o que abusa de los niños. Se trata de madres enfermas, codependientes, que no deberían volver a casarse mientras sus niños vivan con ellas. El problema de estas personas es que, por su enfermedad, no pueden relacionarse con un individuo normal. Aquellos hombres a los que se sienten atraídas son enfermos también, la mayoría adictos o maltratadores, aunque en la ceguera del enamoramiento no vean las señales de alerta. Si usted logró salir de una relación destructiva, tiene que recuperarse antes de volver a entablar una relación de pareja, por la seguridad de sus hijos y la de usted.

Un grave error que cometen muchas madres separadas es intentar demostrar a sus hijos que viven dedicadas a ellos. Los niños empiezan a considerar que son una carga pesada y se sentirán mal. Lo que realmente necesitan es saber que su madre es feliz de tenerlos. Una madre deprimida es muy dañina para el hijo porque terminará por contagiarle la depresión.

La madre que trabaja

Lo ideal es que la madre permanezca en casa durante los tres primeros años hasta que el niño empiece a ir al preescolar. Antes de eso el niño sentirá mucho la falta de la madre. Pero si esto no es posible es importante preparar al niño para la guardería y explicarle lo que está pasando. Una de las preparaciones que requiere es acostumbrarse a tratar con otros niños de su edad. Explicarle que la madre tiene que trabajar y que por eso lo está dejando en la guardería. Lo más importante es que sepa que, para ella, él es lo más importante y que pensará en él todo el tiempo.

Si lo va a cuidar alguien más, también debe explicarle y no dejarlo, para su sorpresa, repentinamente. Si antes se pasa con él un tiempo de visita en ese lugar, el niño no sentirá que se le deja en un sitio extraño. Es bueno que lleve su juguete favorito para que sienta la continuidad de su persona en ese otro lugar. Cada vez que se le deje al cuidado de alguien más es importante despedirse aunque llore, no desaparecer mientras duerme o está distraído. Esto hará que desconfíe de su madre y viva con la ansiedad de que en cualquier momento lo puede abandonar, por lo que estará vigilante. Si se trata de un viaje es necesario explicarle que van a ser varios días y asegurarle que se pensará en él todo el tiempo.

El padre que tiene que dejar el hogar

Tener que dejar la casa y quedar con un arreglo en el que sólo podrá convivir con sus hijos algunos fines de semana puede ser tremendamente difícil para un padre responsable que realmente quiere a sus hijos. La mayoría de los consejos y las consideraciones se hace para la madre, quien queda a cargo de la responsabilidad cotidiana de educar y, como se dice, "sacar a los hijos adelante". Sin embargo, considero importante aquí tomar en cuenta al padre que, además de pasar también por la etapa difícil de su propio divorcio, se siente impotente y desorientado ante el reto de seguir siendo un buen papá a pesar de la lejanía y el reducido tiempo que comparte con sus niños. Uno de los aspectos más duros es convertirse en visita en la vida de su hijo.

Como indicamos anteriormente, para el niño es importante saber que, aunque usted no esté, él está presente en su vida. Hay muchas cosas que puede hacer para que su hijo sepa que piensa en él, que es muy importante para usted y que lo ama. Para el tiempo que pase con usted, planee ciertas actividades que ambos puedan disfrutar, pero déjelo participar en la decisión. Dedique también un tiempo a conversar con él. Préstele toda su atención (apague el celular) a todo lo que le quiera contar, pero también hable de usted, entérelo de su vida o se convertirá en una especie de extraterrestre para su hijo y comenzará a verlo como un extraño. Jamás, por ningún motivo, le hable mal de su madre, con esto

149

sólo conseguirá lastimarlo y él evitará abrirse con usted cuando tenga problemas con ella.

Haga todo para que esté seguro de que siempre cuenta con usted. Que se sienta en confianza de llamarle a cualquier hora y regrese sus llamadas lo antes posible si es que por algún motivo no lo encontró. Muchos niños terminan por ni siquiera intentar llamar a su padre, "porque siempre está en una junta muy importante". Si en realidad tiene usted este tipo de juntas, explíquele de qué se trata y por qué no puede contestar. Los niños pueden ser más comprensivos de lo que uno se imagina si se les hace partícipes de la situación. Los hijos de un cirujano pueden entender muy bien lo que es una emergencia o por qué su padre no puede acudir al teléfono en medio de una cirugía. Pero también son sensibles a la mentira. Aunque asientan, algo en ellos sabe cuándo se les está mintiendo así que diga siempre la verdad y nunca invente pretextos para justificar un retraso o no haber tomado una llamada. Por lo menos una vez, lleve a su hijo a conocer su lugar de trabajo, él se sentirá más seguro si conoce el espacio donde usted pasa una gran cantidad de horas y si ve que usted ha puesto su fotografía ahí sabrá que es valioso e importante para su padre. Si tiene que viajar, trate de llamarle o enviarle una carta. Aunque el uso del correo parece arcaico en estos tiempos del correo electrónico, la emoción que siente un niño al recibir algo por correo sigue siendo la misma que hace cien años. Siempre traiga un regalo, no tiene que ser algo costoso, muchos niños son felices con un pequeño recuerdo. El regalo es la prueba de que pensó en él.

¿Qué sucede cuando la madre intercepta las cartas o niega las llamadas? Es una situación difícil pero muy común. Usted tiene que ver la manera de hablar con ella para que entienda que sus "venganzas" dañan a su hijo. Tal vez ella se dedique a hablar mal de usted y esto afectará su relación. Sin embargo, los niños absorben mejor las demostraciones sinceras de cariño que todas las palabras que le puedan decir en su contra.

No haga promesas que no esté seguro de poder cumplir. Muchos papás, queriendo sinceramente dar un viaje o asistir al juego de fútbol, prometen que lo harán. Después su trabajo se los impide y el resultado es desastroso. El grado de desilusión al que puede llegar un niño es muy doloroso. Es preferible no prometer nada, pero es mejor cumplir lo que se promete, pues así hará muy feliz al niño. Las promesas son innecesarias y pueden ser muy perjudiciales. Involúcrese en las actividades que a él le importan. Si le da por jugar tenis o tocar la guitarra demuestre interés y trate de estar presente en cualquier competencia, concierto o exposición. Cuando el niño elige una actividad por su cuenta es muy importante para él porque ha dado un paso hacia su autonomía. Para él, cualquier logro en ese terreno es de gran relevancia. Si le da por la pintura, cuelgue sus cuadros en un lugar importante. Ayúdele también a mantener los lazos familiares. Abuelos, primos y tíos son importantes, son su familia.

La peor consejera de un padre ausente es la culpa. No actúe desde ahí porque no le servirá de nada y sólo se enfrascará en una relación de chantajes en la que su hijo se convertirá en un gran manipulador mientras queda huérfano de padre. Si decide volver a casarse cuando sus hijos aún son pequeños debe estar seguro de que la persona con quien se va a unir lo acepta a usted con todo y sus responsabilidades de padre. ¿Está dispuesta a compartir sus fines de semana?, ¿a no contar con su presencia durante el tiempo que usted dedica a sus hijos?, ¿a que buena parte de sus ingresos se vayan a la manutención de los niños? Si no es así, su vida puede convertirse en una pesadilla. Muchos padres se encuentran atrapados entre la responsabilidad de dedicar suficiente tiempo a sus hijos y las demandas de su esposa, que parece entrar en competencia con ellos. Además, su nueva mujer debe tener muy claro que su papel no es el de sustituir a la verdadera madre. Será simplemente la esposa del padre y desde esa posición podrá entablar una buena relación con los niños si usa su sentido común.

8. Lidiando con momentos difíciles

Muchos son los momentos difíciles que un niño puede tener que enfrentar. Es aquí donde más afecto y comprensión va a necesitar. Los padres, por más que quisieran, no pueden evitar que estas situaciones se presenten ni que el niño las sufra. Pero sufrir también es parte de la vida y deben ayudar al menor a sobrevivir al dolor.

Hospital

Nadie quisiera que un niño tuviera jamás que pasar por un hospital y menos por un quirófano pero, en ocasiones, es inevitable. Cuando se presenta por un accidente, lo único que los padres pueden hacer es estar junto a él todo el tiempo posible proporcionándole afecto y armados de mucha paciencia. Es importante asegurarle que, aunque la esté pasando muy mal, irá mejorando hasta que esté bien.

Cuando se trata de una cirugía programada, lo mejor es explicarle al niño desde antes por lo que va a pasar. No los detalles de lo que hará el cirujano, sino aquello que va a experimentar: la separación, la anestesia, el despertar, la incomodidad y la recuperación. Una cirugía es una agresión al organismo. Aunque el niño esté anestesiado sentirá la herida al despertar. Lo mejor es que sus padres estén a su lado cuando esto ocurra y, después, se turnen para acompañarlo todo el tiempo hasta que se le dé de alta. Hay que tomar en cuenta que, para él, un cuarto de hospital es un sitio extraño en el que se sentirá muy inseguro si alguno de sus padres no está cerca.

Si el niño debe ser internado por una enfermedad crónica e incurable lo mejor es pedir ayuda. Es probable que el niño perciba que pronto va a morir y esto puede ser muy angustioso si no cuenta con la asesoría de alguien que logre tranquilizarlo. Algo muy importante que debe considerarse en estos casos es cuál es la mejor calidad de vida que se le puede dar. Es verdad que han existido casos de recuperaciones increíbles, por lo que los padres no pierden la esperanza y luchan hasta el final por salvar la vida de su hijo. Está bien, pero no hay que dejar de hacer todo lo posible para reducir su sufrimiento al máximo.

Muerte y nacimiento

Hay que decirle al niño las cosas tal como son: morimos sencillamente porque vivimos y todo lo que vive muere. Es un proceso natural. Nadie sabe cuándo va a morirse así que vivamos bien ahora. Nunca hay que ocultar a un niño la noticia de la muerte.

La primera experiencia del niño frente a la muerte es importante, por lo que es necesario ayudarle a aceptar y enfrentar una pérdida. Puede tratarse del abuelo o de su mascota, el niño sufrirá la pérdida de acuerdo al apego que tenga con aquel que se fue para siempre. Nunca hay que burlarse del niño que llora a su mascota, es mejor ayudarle a enterrarla y concederle un rito de duelo, ya que a través de éste es que aceptamos la muerte.

Nadie puede saber quién morirá primero en la vida de un niño. Esperamos que sean los ancianos, pero la muerte no respeta el orden de edad. Puede llegar de improviso y arrebatarnos a un hermano o hasta la misma madre por medio de un accidente o una enfermedad. Uno de los momentos más difíciles es comunicarle al niño que su madre o su padre ha muerto. Lo mejor sería contar con la ayuda de un psicólogo infantil pero esto no siempre es posible. Es un error decirle al niño que su madre se durmió y ya no va a despertar, porque esto le puede generar miedo a dormir. Es común que le digan que su mamá lo está viendo todo el tiempo, lo cual lo hace sentirse vigilado, incómodo y sin intimidad. Otro error es tratar de ocultarle el propio dolor: es bueno que lo vea siempre y cuando sepa que sus necesidades van a ser atendidas.

Si el niño siente que expresar su dolor lo lastima a usted, es probable que trate de ocultarlo para protegerlo y lo reprima, lo cual no es nada bueno. Necesita que haya alguien en su vida que esté ahí cuando se sienta mal. Si usted es esa persona, trate de escucharlo, no importa qué tan difícil le parezca. Exprese su interés pero no lo fuerce a sentir el dolor. Es posible que llore sólo por unos minutos y después se vaya a jugar.

El niño puede sufrir en la escuela porque siente que es el único que no tiene mamá. Las escuelas suelen organizar los famosos festivales del día de las madres sin tomar en cuenta que esto lastima a quienes no tienen mamá. Usted tiene que enfrentar con él estos momentos, lo mismo que la primera Navidad o cualquier fiesta en la que la ausencia de la madre sea muy notoria. La pérdida de la madre a edad temprana puede ser muy traumática para el niño. La ayuda de un psicólogo puede ser necesaria pero, sobre todo, requerirá más apoyo afectivo. Mucho le ayudará saber que existen otros niños que han perdido a su madre.

Se dice que los niños pequeños son egocéntricos y creen que todo lo que ocurre a su alrededor es causado por su conducta. Muchos se culpan por la muerte de su madre. No siempre es suficiente asegurarle que no es así, posiblemente se requieran muchas conversaciones y contestar cantidad de preguntas para que se sienta seguro. Otro problema que suele surgir es que el niño esté muy enojado con su madre por haber muerto, cosa que interpretan como abandono. Lo mejor es buscar ayuda profesional.

Por otra parte, la pérdida de la madre conlleva el miedo, justificado, de perder también al padre. El niño aprende que las personas pueden morir en cualquier momento y él teme quedar desamparado. Lo mejor es demostrarle que por ningún motivo quedará desamparado. Él debe saber que cuenta con otras personas, ya sean tíos, abuelos o amigos cercanos. Los niños que enfrentan la muerte de alguien cercano también comienzan a temer la propia. Éste es un punto difícil si usted es una persona que también teme a la muerte. Busque ayuda para ambos. Si usted es el padre o madre que ha enviudado, haga todo lo necesario por estar bien. La calidad de su vida y la de su hijo puede haber cambiado, pero aún puede hacerlo sentirse amado y protegido.

Testimonio de una viuda de 32 años

Todo ocurrió de forma repentina. Un accidente de carretera se llevó a mi marido en un segundo. Yo venía en el asiento del copiloto y mis dos hijos atrás: Mariana de ocho años y Jesús de seis. Veníamos por la carretera de Cuernavaca rebasando a un trailer cargado de vigas de acero. De pronto, se soltaron las amarras y las vigas empezaron a rodar, una se incrustó en el parabrisas de nuestro carro atravesando a mi esposo. Ahí comenzó la pesadilla.

A pesar de lo traumático que era la escena para mí, también me horrorizaba el hecho de que los niños estaban presenciando todo. No sólo habían perdido a su padre, sino que habían presenciado una muerte trágica y muy desagradable a la vista. Supe que lo había perdido, que ya no podía hacer nada por él. Saqué a los niños del carro y los alejé inmediatamente del sitio. Recuerdo que los dos estaban en shock, no reaccionaban, no respondían, sólo se quedaban con la mirada perdida en el vacío.

Gracias a que mi hermano es abogado, no tuve que enfrentar ese día los interrogatorios y todos los trámites. Recuerdo que llegué a mi casa y me sentía desesperada porque no sabía qué hacer con los niños. Hice mi dolor a un lado y empecé a hacer llamadas pidiendo ayuda. Finalmente conseguí que una psicóloga con estudios de tanatología viniera a mi casa. Llegó a las diez de la noche, los niños seguían con la mirada perdida. Al verlos en shock llamó a un psiquiatra amigo de ella que no tardó en llegar y les administró algo para dormir. Yo no quise tomar nada, quería que me dijeran qué iba a hacer.

Esas dos personas maravillosas se quedaron conmigo casi toda la noche. Me escucharon con paciencia y me dieron ánimos sin ocultarme que nos iba a tomar tiempo, como familia y en lo individual, recuperarnos de lo que había ocurrido. No sólo la pérdida de un ser amado y parte muy importante de la familia, sino también del trauma del accidente que presenciamos.

Sin ayuda no creo que hubiéramos salido adelante. Los tres hemos estado en terapia. Tal vez, a quien más le ha costado superar esto es a mi hija. Pasaba de la tristeza a la desesperación, al enojo y hasta la agresión contra mí. La psicóloga nos ayudó a vivir el duelo, que fue bastante largo. Su consejo fue el mejor: dejar salir todo lo que sentíamos y reconocer todas las emociones sin reprimirlas ni negarlas. Tomó más de un año para que su ausencia nos fuera dejando de pesar. No fue una terapia de consuelo ni de distracción, fue una terapia de soltar todo el dolor hasta que ya no quedara nada.

Yo me integré a un grupo de ayuda en el que se llevan los 12 pasos de Alcohólicos Anónimos. No es un grupo de adicciones, pero optaron por ese sistema porque lo encontraron efectivo como sistema de vida. Lo que más me ayudó fue aprender a vivir "sólo por hoy", sin eso, creo que me hubiera muerto también.

Han pasado cinco años. Mi hija cumplió 15 años la semana pasada y tuvo su fiesta como cualquier niña. Me preocupó que fuera a extrañar a su papá, especialmente a la hora de la misa y del baile. La costumbre es que el papá escolte a su hija en esos momentos. Pero no fue así. Ella invitó a mi hermano a quien quiere mucho y se le vio muy feliz toda la noche. Esto me da mucha tranquilidad porque ahora sé que si algún día decide casarse por la iglesia, no va a haber drama.

Cuando el padre que enviudó se vuelve a casar, su nueva esposa se convierte en madrastra. Las cosas funcionan bastante bien cuando la madrastra no ve a los niños como una carga sino como parte de la familia a la que se integra, cuando no intenta quererlos artificialmente sino que antepone el respeto en cualquier situación. Acepta que no es su madre pero abre la puerta para una comunicación sincera. Los papeles quedan claros desde un principio y ella no trata de sustituir a la madre sino de proporcionar el afecto y el apoyo que estén dispuestos a recibir. Esto no es fácil y se requiere inteligencia por parte de los dos esposos. Tendrán que estar conscientes de que la familia es disfuncional y tendrán que buscar la mejor solución para cada situación que se presente.

Morir y nacer son eventos naturales. Durante siglos, la gente moría y nacía dentro del hogar. Los niños presenciaban el nacimiento y la muerte como parte de la vida. Fue hasta el siglo pasado cuando convertimos estos dos momentos en algo clínico. Ahora los niños nacen en el hospital, la madre se interna como si se tratara de una enfermedad y los bebés nacen rodeados de médicos y enfermeras. En la mayoría de estos sitios, el bebé es separado de la madre y llevado a pasar las primeras horas de su vida en una caja llamada cuna. Las personas también van a morir al hospital en un intento de alargarles la vida un poco más, no importa que estén desahuciados, se les conecta cualquier cantidad de tubos y alambres con los que se alarga su tortura hasta que finalmente dejan este mundo.

Para los niños de hoy, la llegada de un hermanito tiene un mayor impacto de lo que tenía para los de antes. De pronto, con explicación o sin ella, su mamá se va de la casa. Su papá se va con ella. Como si fuera poco, se le anuncia que van a traer a otro niño. Él no sabe si esto es bueno o no pero, de entrada, sabe que por ese otro niño sus papás lo dejaron con alguien más.

Llega el hermanito

La llegada de un hermanito o de una hermanita es un acontecimiento que implica una gran alegría y enormes cambios. La vida de la familia se trastorna por completo debido al cambio del ritmo de vida impuesto por el recién llegado, y es normal que sea precisamente el hijo mayor el que resienta en mayor medida esta novedad. El recién nacido concentra toda la consideración, los cuidados y el afecto de todos, y la vida familiar empieza a regularse en función de sus necesidades. ¿Cómo no va a experimentar el hijo mayor como mínimo unos pocos celos hacia el pequeño, con el que tendrá que compartir a sus padres y el amor de todos, que hasta ahora sólo estaba dirigido a él? En consecuencia, el problema no reside en intentar reprimir el sentimiento de celos del mayor, puesto que es absolutamente normal y justo que lo sienta, sino en ayudarlo a sentirse libre para expresar sus frustraciones, pudiendo contar con la comprensión y el amor de sus padres.

Se necesitará algo de tiempo para que el hijo mayor se acostumbre a compartir su tiempo y sus afectos con un ser pequeño, escandaloso y demandante con el que ni siquiera puede jugar, así como para que se establezca un vínculo entre los dos. En cualquier caso, el deber de los padres es el de reorganizar la familia y restablecer un nuevo equilibrio que tenga presentes las necesidades y los derechos de ambos niños, teniendo en cuenta que únicamente mediante el establecimiento de una base de convivencia armoniosa entre los dos hermanos se podrá asegurar una buena relación futura entre ellos.

Lo ideal sería poder preparar al mayor, que a partir de los dos años es capaz de entender, para comprender los cambios que van a modificar el cuerpo de su madre durante el embarazo y explicarle, recurriendo a sus viejas fotografías o a ejemplos concretos de niños recién nacidos, quién es el objeto de una espera tan intensa, qué representará para él y con qué función se introducirá en su vida. Es importante involucrar al pequeño en el cuidado de su hermanito, así como dar relevancia al hecho de que él es el mayor y que por ello goza de mayores responsabilidades y ventajas respecto al recién nacido, sin provocar, no obstante, que el niño crezca demasiado deprisa ni pretender que se acostumbre de inmediato a la nueva situación.

Es un error decirle al niño que el bebé será de él. Lo mejor es decirle que no es necesario que él lo quiera, ya que tendrá padres igual que él. Aprenderá a querer al hermanito si la actitud de los padres no lo hace sentirse abandonado o descuidado. De otro modo, intentará recuperar la atención intentando convertirse otra vez en un bebé. Es probable que vuelva a mojar la cama, que pida el biberón, lloriquee o manifieste otras actitudes de regresión. También es posible que los celos hacia el más pequeño no se manifiesten, por lo que, al principio, habrá que poner atención para advertir algunos cambios en la actitud o en las costumbres diarias del mayor, como nerviosismo, dificultades para comer o dormir, o caprichos varios. Este tipo de actitudes pueden representar la expresión de un estado de malestar, que hay que ayudarle a expresar. No existe un momento o una edad precisa en la que el niño supere los celos hacia el recién nacido. El antagonismo inicial cederá gradualmente terreno a la amistad y a la solidaridad fraterna, y se creará entre ellos la complicidad que les ligará para toda la vida. En esta etapa, es oportuno que los padres no interfieran más de lo necesario en la relación entre sus hijos. El hecho de tomar partido o juzgar sus comportamientos recíprocos sólo les llevará a establecer una rivalidad entre ellos.

9. Niños vulnerables

Hay niños que nacen para hacer frente a la vida con una serie de problemas que van a afectar su proceso de desarrollo. El niño enfermo emocional sufre mucho porque siente que no pertenece, que no puede integrarse a la familia o a los compañeros de escuela. Busca esta integración y muchas veces termina encontrándola entre grupos callejeros. Frecuentemente, en su afán por integrarse a un grupo, empieza a tomar, a utilizar drogas e incluso a robar, con el único propósito de agradar a sus amigos.

Algunos niños nacen con una carga genética que los hace más vulnerables, tanto al abuso físico como al emocional y psicológico. Sabemos que hay muchos menores que no se atreven a comunicar lo que les sucedió simplemente porque no están dotados por la naturaleza para defenderse de las ofensas. De hecho, cada uno de nosotros posee diferentes defensas y esto lo vemos claramente cuando nos preguntamos cómo es posible que muchos niños sobrevivan en los basureros bebiendo agua contaminada y expuestos a focos infecciosos que otros menores no tolerarían. Sucede que de alguna manera la naturaleza de esos niños se ha ido preparando para subsistir ante los ofensores naturales de ese medio ambiente, como son las bacterias, los virus, los hongos y otros contaminantes. El organismo se va haciendo resistente al medio en el que habita, al grado que cosas como el humo del escape de los autos, que a mí me causa migraña, a los choferes de taxis que trabajan hasta dos turnos no les provoca ni un leve dolor de cabeza. La aspirina tan maravillosa que igual quita un dolor que baja la temperatura o previene infartos, puede también matarnos a los que somos alérgicos.

Lo que quiero decir con estos ejemplos es que existimos personas cuyo terreno biológico corporal o cerebral puede resistir algunas cosas y otras no. Yo, por ejemplo, puedo resistir jornadas de trabajo muy intensas, escuchar durante muchas horas la problemática de otros seres humanos, pero a veces no puedo resistir mis propios pensamientos. Esta vulnerabilidad y la capacidad de resistencia en los seres humanos es totalmente individual, los niveles de tolerancia e intolerancia son diferentes en cada persona. Sin embargo, es posible localizar grupos de población vulnerable de individuos que comparten estos niveles de manera similar.

Existen personas cuyas emociones generadas, ya sea por la propia mente o por el exterior, hacen que sean susceptibles a reaccionar "alérgicamente" o de manera desproporcionada ante una situación. Este síntoma los ayuda a constituir un bloque de población muy identificable; generalmente la gente los llama hipersensibles, exagerados o supersensitivos. Estas personas pueden llorar al contemplar un atardecer, al escuchar una canción, al ver una película romántica y, sin embargo, por otro lado pueden resistir otras cosas como los esfuerzos físicos o las responsabilidades de trabajo. Esa población hipersensible que tiene los sentimientos a flor de piel y que reacciona en forma desproporcionada lo mismo ante el aviso de la muerte de un familiar, la noticia de que se sacó la lotería o el hecho de que terminó una carrera profesional, corresponde a un grupo que nosotros llamamos *enfermos emocionales*.

Tienen que cuidarse de sus propias emociones o sea de las reacciones que el ambiente les genera.

Cuando un individuo no está informado de que es un enfermo emocional, va a enfrentarse de manera audaz a esa carencia personal que posee. Un niño o una niña que sufre una ofensa sexual siendo hipersensible piensa: "Me tengo que aguantar porque me han dicho que me tengo que callar y que no debo llorar; que si lloro cuando me ofenden voy a causar un gran dolor a mi mamá. Como yo quiero mucho a mi mamá y no quiero que le pase nada y a la mejor hasta se muere, me tengo que callar". Así, justifica su incapacidad para defenderse.

En cambio, un niño normal, ante el menor agravio, lloraría, gritaría y se quejaría, no le importa nada que le digan que los niños no lloran. A una niña normal no le importa que su mamá se vaya a enojar. Piensa: "Este señor me está agarrando mi 'colita' y yo se lo voy a decir a mi mamá". En este ejemplo va implícita una idea que considero muy importante: *las personas normales usan su miedo para sobrevivir, convierten sus miedos en instinto de conservación.* Al igual que los animales, que tienen una sabiduría muy especial, no se equivocan, pues si se equivocan se mueren. No se equivocan porque no piensan: "Seguramente si se dan cuenta que yo, ante la amenaza de un depredador tengo que salir corriendo y meterme en mi madriguera, me van a acusar de cobarde". Un conejo o un ratón de campo ve un ave de rapiña e inmediatamente corre y se esconde en su madriguera, está usando su miedo instintivo para sobrevivir.

Las personas normales actúan así, pero un enfermo emocional no. Cuando a un niño que tiene la enfermedad emocional que estamos describiendo algo le da miedo se fuga, pero hacia adentro de sí mismo y trata de parecer valiente. También es posible que intente evadirse de otra manera o que trate de parecer encantador. Conozco el caso de una niña muy atractiva que cuando empezaba a viajar en taxi, si sospechaba que el taxista le iba a hacer daño, inventaba dolores, se ponía pálida auténticamente y le decía al chofer que se sentía muy mal. Así asustaba al taxista que inmediatamente la llevaba a casa. Esto es un indicativo de anormalidad conductual. Utilizar un síntoma físico para defenderse de sus miedos es una forma de patología.

Esbozar una sonrisa ante el peligro o quedarse paralizado para el clásico "aquí quedó y no corrió" es un síntoma de enfermedad. El ejemplo extremo de esto son los héroes, cuando menos en México son los seres más cobardes que existen; porque en realidad los paralizó un miedo que se llama pánico y los obligó después a cometer un "acto de valor temerario" fundado en el temor. El que se quedó en el temblor del 85 intentando sacar a alguien y se le cayó la casa encima es calificado como héroe, pero lo que hizo fue un acto insensato, debió salir corriendo para salvar su vida.

El caso más notorio de esta cobardía mal manejada anulando el verdadero instinto de conservación es el de Audrey Murphy, un actorcillo norteamericano ya fallecido que fue el soldado más condecorado en su país después de la Segunda Guerra Mundial. En la invasión de Normandía, en lo que quedaba de una casa, en vez de ocultarse se envalentonó enfrentando y acabando él solo con una patrulla de 32 alemanes. Una persona normal en su caso hubiera tomado la decisión correcta de correr o esconderse. Posteriormente, para sobrevivir a sus recuerdos de guerra, inicia una carrera alcohólica y de drogadicción, muriendo antes de cumplir los 40 años de edad.

Así vemos que estos héroes a quienes ensalzamos, en realidad son sujetos que no pudieron manejar su instinto y se fugaron en el momento de peligro, cometiendo un acto insensato. Lo mismo ocurre con muchas víctimas del abuso sexual que quedaron paralizadas porque no supieron manejar su emoción y se evadieron por caminos falsos como el silencio, la prudencia, la parálisis.

Cuando uno le pregunta a una víctima de abuso sexual por qué no gritó o pateó, ésta puede contestar naturalmente: "Porque me dio miedo", cuando era precisamente por miedo que se debía haber defendido. Aquí vemos claramente una manera inadecuada de responder a una emoción intensa de temor o de miedo.

En el juego del abuso hay dos enfermos que están interactuando, uno como ofensor y otro como receptor. El ofensor, siendo una persona muy enferma con una patología que sí creo que se puede predecir, requiere de una víctima vulnerable para poder llevar a cabo su ofensa y así la selecciona. El problema es de interacción entre dos personalidades enfermas de las emociones. Porque un ofensor sexual puede existir, pero mientras existan niñas y niños bien informados y sanos la ofensa no se va a dar porque no lo van a permitir.

Es importante ver que este tipo de estructura emocional deficiente, insuficiente o disfuncional convierte a un individuo en un ser vulnerable. No estamos responsabilizando a la víctima de ninguna manera. El hecho de que sepamos que existen niños o niñas más vulnerables al abuso sexual no le resta responsabilidad al delincuente ni significa que estos niños provoquen en ningún momento el ataque. Sin embargo, es preciso identificar estos rasgos para prevenir la interacción, es necesario que estos niños tengan la conciencia de que son una parte de la población vulnerable que no se puede defender.

Una de las justificaciones que hasta hace poco se utilizaban para defender al agresor era alegar la provocación por parte de la víctima. Por fortuna, hemos sido lo suficientemente responsables para lograr que se borren esas estupideces de los códigos penales. Pero cuando hablamos de la interacción podemos dar el ejemplo de un diabético que se encuentra en una pastelería; el azúcar no es el agresor. Él sabe que en la interacción está el peligro y es su responsabilidad evitarla.

Lo que más puede afectar la vida de un enfermo emocional es no saber que lo es. La información es básica para poder dar el importante paso hacia la aceptación. El individuo que no se acepta porque desconoce "ser así" (callado, pasivo, prudente, silencioso, miedoso) es un enfermo emocional que tiene un gran problema porque finalmente va a fugarse hacia adentro sin resolver ninguna situación. Es por esto que considero muy importante el diagnóstico temprano y la aceptación, la cual puede ser muy sencilla si uno tiene acceso a cierta información. Cuando un niño enfermo crece en una familia numerosa le es fácil darse cuenta de que es diferente, al observar que sus hermanos disfrutan de cosas que a él le parecen aburridas o le asustan, o que él puede llorar fácilmente por cosas que no afectan a los demás. Cuando alguien le pregunta por qué no es como su hermanito le queda claro que hay una diferencia.

Quiero enfatizar que la víctima siempre da elementos para que las personas que la rodean sepan que algo está sucediendo. Es imposible que un niño o niña víctima de abuso no manifieste en su comportamiento una respuesta que llame la atención del resto de la familia, de los profesores y acaso de algún pediatra, cuando es consultado debido a las complicaciones del abuso. La disyuntiva consiste en precisar hasta dónde ese niño o niña ya presentaba una patología de los afectos o de la conducta que hicieron que un violador lo seleccionara como víctima, o si la patología es consecuencia del delito.

¿A través de qué elementos selecciona un ofensor sexual a su víctima? Estoy seguro de que cualquier niña que sufre un abuso en la escuela tuvo como compañeras a niñas normales y sanas que hubiesen pegado de gritos al primer intento de abuso: "Me hizo...", "Me tocó", "Me llevó al baño". Porque un niño sano responde ante cualquier forma de agresión a gritos, a patadas, con llanto y, sobre todo, dice lo que le sucedió. Un niño enfermo emocional, en cambio, es callado o retraído desde antes de la ofensa en su contra. De antemano presenta elementos para suponer que padece un trastorno de la conducta o de la personalidad.

Existe, en este tipo de enfermos, un proceso mental muy curioso que yo viví alrededor de los 13 o 14 años: en la toma de conciencia mínima de esas diferencias que lo hacen a uno ser calificado clínicamente como un enfermo emocional, hay una negación y una rebeldía iniciales ("Sí, a lo mejor soy bruto y miedoso pero no tanto como creen mis papás"). Incluso se llega a pensar que lo que sucede es que uno es un ser especial maravilloso y los demás no se han dado cuenta. Con esto, en un giro muy curioso, el niño hace que los demás sean los diferentes. Es tan grande la necesidad de reafirmar la autoestima en un niño con tantas carencias (como lo fui yo) que da este giro mental ("Yo soy el que está bien, los demás están mal") y así evita la aceptación. Cuando esto sucede, se pierde la oportunidad de pedir ayuda. Por eso es tan importante que el enfermo emocional cuente con la información y la orientación suficientes para saber que necesita ayuda. En mi caso tuvieron que pasar 37 años para que me diera cuenta de qué era realmente lo que sucedía conmigo. Recuerdo que a los diez años de edad me tocó presenciar un asesinato. Mi reacción fue de total parálisis. Un niño normal hubiera salido corriendo a contarlo, pero en mi caso un zapatero tuvo que sacarme de ahí y enviarme a mi casa. Mi parálisis fue un síntoma de patología muy obvio y esto hizo que me enviaran al psiquiatra.

Esta definición de la población vulnerable puede incomodar a muchos. Ningún progenitor quiere que su hijo sea un enfermo. Quiero que quede claro que no estamos buscando responsables, mucho menos en los niños y niñas, estamos buscando "responsabilidades". Ser responsables como profesionales para informar lo que ahora sí se sabe. Muchos padres al leer esta información o simplemente al escuchar las palabras *abuso sexual* dirán: "Es imposible que a mi hija o hijo le suceda esto. Si alguien lo intenta va a reaccionar defendiéndose, gritando, contándolo y en última instancia va a preferir que lo maten pero no se va a dejar". Pero otros padres se preguntarán: "¿Qué voy a hacer con este chamaco?, así como es le van a ver la cara en todos lados, no porque tenga poca inteligencia sino porque de todo se deja". No es que sea *muy bueno* como algunos dicen, es que pertenece a esta población vulnerable que he descrito y, antes que nada, tenemos que aceptarlo.

Otro síntoma muy claro del enfermo emocional es que se la pasa culpando a los demás por todo. Un niño sano, un niño con autoestima, con seguridad en sí mismo, es un niño con valor. La palabra *valentía* debe ser examinada. Lo que nosotros llamamos *valor* en cuanto al instinto de conservación, usar los mecanismos de defensa de ataque o huida; no el valor temerario del héroe.

Estructura del carácter

Es importante saber cómo se va formando la estructura de carácter del niño o niña. Esto depende en primera instancia del temperamento con el que nace; de la carga genética que nos dota con un tipo de sensibilidad y que equivale a los cimientos sobre los que se construye el carácter. Para comprender qué es lo que los médicos psiquiatras entendemos por estructura de carácter podemos usar el ejemplo de un edificio. Los buenos ingenieros o arquitectos procuran localizar un terreno, no tanto que esté bien ubicado sino bien estructurado en lo que se refiere a las capas geológicas. Esto es indispensable en áreas como la ciudad de México, considerada zona sísmica. Después del terremoto del 85 nos dimos cuenta de que existen áreas particularmente vulnerables a los movimientos telúricos, como la zona cercana a la estación sur de autobuses, en la que hubo muchas construcciones colapsadas, desde edificios hasta casas habitación. Se localizaron algunas líneas que correspondían a antiguos canales de riego donde se hundieron las construcciones, así como lugares donde se construyeron chinampas para rellenar el lago en la época prehispánica. En cambio, otras zonas más elevadas que correspondían a las orillas del lago de Texcoco no sufrieron casi nada.

Imaginemos que un mal ingeniero o arquitecto decide construir una casa en uno de estos sitios vulnerables. No importa qué tan buenos sean los materiales que utilice, su calificación profesional o el proyecto de construcción, lo que se edifique sobre un terreno vulnerable se va a colapsar por estar en un sitio que no tiene las características adecuadas para un cimiento apropiado. Así es el equipo biológico cerebral. La mejor de las familias con la mayor disposición y conocimientos para educar puede tener niños que se colapsen emocionalmente ante cualquier incidente externo porque el terreno sobre el cual se edificó el carácter de ese muchacho era vulnerable.

En el caso contrario, podemos imaginar que un buen arquitecto construye una casa sobre un terreno muy firme, como los terrenos pedregosos al sur de la ciudad de México, donde se encuentra la Universidad Nacional Autónoma de México. Ahí las construcciones que están bien hechas resisten los movimientos telúricos sin que les suceda casi nada. Pero si en este terreno sólido que va a cimentar la construcción se utilizan materiales que no son los adecuados, como sucedió con el Instituto Nacional de Cardiología, también se va a colapsar. En este caso el terreno era sólido pero los materiales eran inadecuados —varillas de diferente grosor, material de segunda mano— y la construcción era de mala calidad. Obviamente no resistió el temblor del 85 y casi se vino abajo. Una casa puede verse bien pero no tener ninguna solidez en las paredes ni en los techos. Así es el carácter, y de la misma manera un niño puede nacer con un terreno biológico sólido y construir sobre él un carácter débil.

La segunda parte que nos interesa de la formación del niño que pudiera ser enfermo emocional es saber cómo están constituidos los materiales con los que se está formando su carácter. Los padres de un niño sano pueden obstruir el desarrollo de su carácter y evitar lo que se esperaría que fuera: un carácter fuerte en el sentido de solidez. Cabe aclarar que cuando hablamos de carácter fuerte nos referimos a un carácter sólido, firme, inamovible, no el poco carácter o el carácter débil del sujeto que se mueve para un lado y para otro con sus emociones. Pues, en mi caso, yo lloro con una canción de Cri-Cri, me emociono con un atardecer, me enojo ante la menor injusticia y hasta puedo llegar a la violencia verbal, pero obviamente no tengo fortaleza de carácter, aunque algunas personas lo piensen precisamente por mis reacciones.

En cambio, he observado a algunas personas que son casi impasibles ante las circunstancias adversas, las alegrías o los cambios de situación. No pertenezco a ninguna Iglesia y no sé cómo sea en realidad este hombre que algunos mexicanos conocen por su sobrenombre, pero que yo conozco como Carol Woytilla. En su segundo viaje a México, me pidieron algunas amistades, que me cuestionaban por mi crítica incesante a esa figura política, que por favor lo observara. Me pude dar cuenta de que era un anciano encorvado, no tanto por los años como por las intervenciones clínicas que ha sufrido, así como por el mal de Parkinson. Me llamó la atención que ese anciano encorvado, que me pareció estaba muerto de cansancio y aburrimiento, cuando se enderezaba un poco para dar su mensaje espiritual, tenía una gran fuerza interior y la podía transmitir mediante un discurso o una homilía. Me pareció que era un hombre sólido y, la verdad, no me lo imagino gritándole a las monjas porque no le traen su desayuno a tiempo o yéndose de parranda con sus cuates y llevando serenata o bajándose a pelear, como yo lo hago, con un taxista porque le raspó el coche. Me da la impresión de que ese hombre anciano aparentemente apacible es una persona de gran fortaleza y por eso lo pongo de ejemplo, con todo respeto.

Entonces ¿qué sucede? Que a pesar de que algunas personas nazcan y crezcan con un terreno cerebral muy sólido, si hay dos malos arquitectos que son los padres, los materiales que se usan para levantar las paredes del carácter son deleznables, como una escuela cuya fragilidad esté en la mala estructura de la enseñanza o que imparta creencias religiosas que después son criticadas agudamente por el estudiante al no encontrar en el dogma ningún aspecto de racionalismo que pueda ser considerado ni en teoría ni en hipótesis por el académico. Esa falsa estructura se va a derrumbar hasta con un soplido ante la más leve agresión.

Cuando los materiales son óptimos: la funcionalidad de la familia, la educación por parte de los padres, una buena educación formal y un medio ambiente sano, el niño va a desarrollar un carácter sólido al que es posible hacerle algún daño pero jamás derrumbarlo. De aquí la importancia del cuidado del desarrollo del carácter del niño que debe estar centrado en la solidez antes que dar importancia a cómo se ve. Un carácter sólido va a trascender como las grandes edificaciones de la antigüedad que hoy vemos en pie: las pirámides de Egipto y Teotihuacan, en las que quizás el viento y el paso del tiempo han deteriorado la superficie pero la estructura sigue intacta.

Un niño con solidez de carácter, con su autoestima bien cimentada y fortaleza interior tiene una estructura que en la adolescencia y la adultez se puede recubrir como se hizo con las fachadas de algunos edificios con cuarteaduras en la ciudad de México con vidrios polarizados. A este recubrimiento de la superficie es a lo que los médicos llamamos personalidad.

Personalidad es una palabra que viene de *peri* (alrededor de) y *soma* (cuerpo). O sea que es algo alrededor del cuerpo. Se le llamaba *perisoma* a las máscaras con las que actuaban los histriónicos del teatro clásico. Había de dos tipos: la que representaba la comedia y la de la tragedia. Estas dos máscaras eran las que se usaban para representar la farsa. La personalidad, por más que oculte una estructura fracturada o colapsada, no va a constituir nada importante como un elemento de defensa. Es sólo una superficie como los recubrimientos de simple cal que se usan en las fachadas del mediterráneo o el estuco que tenían las pirámides en México. Así la personalidad sólo constituye una pequeña capa.

Lo que realmente nos interesa es el temperamento con el cual el niño es dotado desde antes de nacer, la estructura de carácter y su formación, que es paralela a la autoestima. Esto nos lleva a una conclusión: todo niño que sea vulnerado por su propia naturaleza o por su formación de carácter pertenece a un grupo vulnerable a muchos problemas, incluso al abuso sexual. Podemos decir que no tiene casi ninguna defensa en contra del ofensor y además va a silenciar las cosas con un maquillaje que le permita sobrevivir a su propio deterioro. Así como algunos cubren con vidrios reflejantes la estructura dañada de un edificio, el niño va a tratar de recubrir el daño. Éstos son los mecanismos de compensación que hemos señalado en el caso de la personalidad alcohólica. Aquel que por su naturaleza es inmaduro, va a tratar de compensar su inmadurez hablando mucho y tratándose de comportar como si fuese mayor.

Recuerdo que los maestros en la escuela me decían: "Ernesto, usted es un joven viejo". Mi madre decía que me comportaba como adulto y no como un niño: "Te quejas de lo que se quejan los ancianos". Efectivamente yo fui un joven viejo, mi madurez que empezaba a ser cronológica y fisiológica no lo era psicológica ni espiritualmente. Usaba lentes para protegerme de mi inseguridad más que por la miopía, utilizaba formas muy propias del lenguaje, me aislaba de los grupos juveniles que jugaban al aire libre y me refugiaba, evadiendo la realidad, en la literatura, dando la impresión de ser un niño precoz. En realidad era absolutamente inmaduro. Para tener al menos la fachada de madurez tenía que inventar un modelo de personalidad a modo de máscara. Cuántos niños que parecen sabios, con sus grandes lentes y buenas calificaciones, no son más que pequeños vulnerables que a través de sacar puro diez, portarse bien, ser obedientes y no egoístas, tratan de conquistar el reconocimiento de los demás. A más inmadurez, mayor necesidad de compensarla con esta serie de máscaras con las cuales ocultamos nuestra verdadera naturaleza.

Recuerdo que me veía como un joven viejo sentado frente a un escritorio que tenía de un lado los cajones del miedo y del otro los de las máscaras. Abría el cajón del miedo, no me gustaba y lo cerraba, entonces abría el cajón del bueno, del noble, del obediente, del buen hijo o del buen estudiante. Obviamente todo mundo se daba cuenta de que estaba representando un rol que yo mismo me asignaba, y nadie me lo creía. Muchas personas se llegan a creer sus propios roles, y si bien hay otros que les siguen el juego porque también están jugando el propio, la mayoría de la gente percibe la farsa que están representando.

En mi caso usaba mis mecanismos de defensa mayormente para defenderme de los embates familiares: de mi papá que me consideraba inútil, de mi mamá que decía que yo tenía poco carácter y corazón de pollo, de mis hermanos que decían que yo era raro y que estaba loco, de mi abuelo que pensaba que yo era maricón y quizá de mi hermana que pensaba que yo era lo máximo, ya que para mí era motivo de temor que me considerara como su paradigma, pues era una responsabilidad con la que no podía cargar. Sin embargo, en la escuela era otra cosa: el niño bien portado, el niño "decente" se transformaba en el más "guerrista". Me la pasaba inventando travesuras de poca trascendencia pero que en esa época me costaron muchas expulsiones: 11 en primero de secundaria, y a los 15 años fui expulsado definitivamente de la escuela, que fue cuando mi papá me corrió de la casa.

Era una verdadera dicotomía de esta serie de personalidades encontradas como las máscaras de la comedia y la tragedia. Yo podía ser el más violento, el más peleonero, el más simpático, dicharachero y "guerrista" del salón mientras, para mi mamá, era el más tonto —sólo que ella decía el más bueno—, el más callado y el más noble de sus hijos. Mi autoestima, mi conocimiento de mí mismo, mi carácter y mi naturaleza de enfermo emocional me obligaban a ir a esos extremos. Cuando mi madre recibía los reportes escolares no los creía. Lo que solían decir era: "El niño es muy inteligente, no necesita estudiar porque se aprende las cosas nada más de oído, pero es insoportable. Da una lata espantosa y además distrae a todos sus compañeros". Para mi mamá esto debe de haber sido motivo de desconcierto y creo, no lo sé, que optó por hacerse a un lado de esa dicotomía y simplemente ignorar lo que yo era o iba a ser en espera de que algún día surgiera mi verdadera naturaleza, la cual sí surgió, pero al cabo de cuarenta y tantos años.

En ese mecanismo de compensación, pasa la vida para muchos niños, y es a lo que llamamos personalidad. Cuando veo un niño que tiene rasgos superficiales de personalidad notorios: el niño bien portado, el ultrasensible, el que es el peor, el más atacado, el más agresivo; la niña más sensual, la que se viste como señorita siendo una escuincla, la que trata de ser la mejor bailarina, el que destaca más en la escuela, el que no quiere estudiar, etc., ese destacar o esa necesidad de hacerlo en algo que cubra lo que le ocurre para mí es un indicador infalible de que algo está mal en su estructura de carácter, y si no, en los cimientos de su temperamento. De otra manera, el niño es espontáneo, oscila en las horas del día entre las sensaciones de bienestar y malestar: la risa, el mal humor, el sueño, la habilidad de distraerse, el juego, etc. Pero el niño que sigue estereotipos, que parece un adulto chiquito, el responsable o el maldito, el picudo de la pandilla, la niña sexy o el genio, esconde, detrás de esa fachada que a veces es hermosa, otras interesantes fracturas en la estructura de carácter o en sus cimientos. Éstos son los niños vulnerables, por eso es muy importante que conozcamos a las víctimas.

El niño vulnerable que se va a paralizar se reconoce como víctima cuando el agresor lo reconoce como tal. Podemos decir que el agresor, que padece de la misma enfermedad emocional, identifica al niño que es igual y lo elige. El niño sabe que a él lo seleccionaron de entre tres o cuatro niños en una casa. El tío escogió a uno para abusar de él. Este reconocimiento del agresor se da porque él mismo fue, en otro tiempo, un niño así. El niño se sabe víctima, sabe que lo escogen a él y sabe además por qué. Un ofensor sexual no va a escoger nunca a un niño normal, pues sabe que se va a defender o lo va a delatar. Esto tiene que quedar claro, porque de esa población vulnerable es de la que nos tenemos que ocupar. Y todas las madres lo saben, el consentido de la mamá es el idiota, quien por supuesto es el más seductor con ella. Mi madre sabía que a mí me iban a pasar una serie de cosas que a mis hermanos no les pasaban o me decía: "Hijito, cómo es posible que tú, siendo el más inteligente, vuelvas a meter la pata otra vez, ¿porqué siempre lo mismo?, ¿porqué siempre a ti?" Estaba muy claro que si mi madre hubiera tenido un problema económico recurriría a mí. Ella sabe que si le pide a mis hermanos no se van a dejar, le van a decir que no tienen dinero. En cambio, si me lo pide a mí, le voy a dar eso y más. Y si no lo tengo, como casi siempre sucede, voy a ver de dónde lo saco, pero se lo voy a dar.

Muchas veces el hijo único es considerado un prototipo de vulnerabilidad, pues es el receptor de las angustias, la ignorancia o la necesidad de los padres de verse en él como algo irrepetible, como algo que no se puede perder, como el portador de las ilusiones y las fantasías de ambos. Se le cuida de más, es intocable y a veces no podemos ni siquiera percatarnos de nuestras fallas como padres porque no lo podemos medir ni comparar con el parámetro de otros infantes que reciban el mismo modelo de educación. Yo mismo, en algún sentido, soy padre de una hija única. Ella fue la única hija de su mamá y entre ellas dos hubo una serie de elementos de relación que yo describo en mi libro *¿Es tu madre tu peor enemiga?* Su madre no tenía ningún parámetro para medirla y yo le decía: "Pregúntale a tu papá qué se hace en este caso, pregúntale a tu mamá qué diría, o pídele a tu amiga Gloria que te diga cómo ve la relación entre tu hija y tú". Por cierto, la amiga se lo dijo y el costo fue una separación de años de lo que había sido una gran amistad entre dos mujeres, debido a que la revelación de la verdad muchas veces es profundamente dolorosa.

Quisiera preguntar a los padres de hijos únicos si de veras están tan ciegos o tan cerrados como para no percatarse de que su hijo único, el mejor de los seres humanos sobre la Tierra, tiene rasgos de comportamiento que son preocupantes si lo comparamos con el resto de los niños de su edad. No creo que sea difícil. Si lo fuera dentro de la casa, el tipo de conducta que venimos describiendo del niño hipersensible o vulnerable será notorio en la escuela y muy probablemente nos será informado por los maestros, que teniendo una base de experiencia en el reconocimiento de conductas anormales, pueden, en algún sentido de prevención pedagógica y conductual, llamar la atención sobre estas peculiaridades que están causando conflicto, como puede ser un niño al que no le gusta que le llamen la atención y hace una pataleta cuando se le contradice. También son muy claros los casos de los niños genios o superdotados que están presentando claramente rasgos de comportamiento anormal para su edad. Pero creo que siempre habrá alguien con suficiente sentido común como para advertirnos: "Oye, te estás equivocando en el trato con tu hijo y el niño o la niña está manifestando muchas cosas que requieren ayuda profesional".

Un niño sano, además de nacer con salud, necesita que ésta se consolide y no sea afectado por circunstancias ajenas a su estado original. Es claro que un niño que ha nacido sano, si vive con un padre maltratador, violento o abusivo, o bien con una madre neurótica, va a ser afectado desarrollando cierta vulnerabilidad, aunque quizá no tan intensa como la del enfermo emocional genético. De hecho, muchos de ellos logran superar los traumas de la infancia y desarrollan una vida sana cuando logran recuperar la autoestima. El enfermo emocional puede crecer en una familia sana y armoniosa y seguirá sufriendo la patología que hemos descrito. El niño emocionalmente vulnerable tiene una predisposición a las adicciones. Utilizará la sustancia adictiva como una anestesia emocional.

Hijos de alcohólicos

Los niños necesitan coherencia y estructura, pero sucede que las características más notorias de la vida de una familia alcohólica es ser incoherente e impredecible. Conforme los problemas del alcohólico van produciendo más incoherencia e incertidumbre en el hogar, los demás miembros hacen un intento por volver a estabilizar el sistema familiar. Actúan y reaccionan de maneras que hacen que la vida sea más fácil y menos dolorosa para ellos. Comúnmente reprimen las emociones, las cuales se vuelven retorcidas, y cuando las expresan lo hacen de manera enjuiciadora, culpándose unos a otros. Dentro de la familia alcohólica existen reglas que surgen de la vergüenza, la culpa o el miedo, por ejemplo: "No se debe contar a los demás la causa de un moretón".

Para los niños de una familia alcohólica su primera necesidad es la de "sobrevivir", y para lograr esto es frecuente que adopten un papel específico que correspondería más bien al de un adulto en el rol de la familia. En realidad, cuando un niño adopta el papel de responsabilidad está utilizando un mecanismo de defensa que le funciona favorablemente al enfrentar una situación confusa e intolerable.

Claudia Black, en su libro *No hablar, no confiar, no sentir*, menciona que la mayoría de hijos de alcohólicos adopta uno de los tres papeles siguientes o una combinación de ellos: el responsable, el adaptador y el conciliador. El niño que ha elegido el papel de responsable rara vez se porta mal, su actitud es la de un adulto y asume muchas de las responsabilidades en las tareas del hogar y hasta en la crianza de sus otros hermanos. Se ven convertidos en cuidadores de sus padres. Desean un hogar normal y tratan de arreglar las cosas, hacen todo lo que está a su alcance para lograrlo, como llevar a su papá a la cama, limpiar sus vomitadas y aparentar que nada sucedió. Aprenden que son ellos los rescatadores y probablemente se pasen el resto de su vida rescatando borrachos o gente con problemas. La mayoría se convierten en codependientes y se casan con otro alcohólico.

El que ha elegido un papel de adaptador trata siempre de adecuarse a las circunstancias del día y considera que lo más acertado es seguir la corriente y tratar de no llamar la atención sobre sí mismo, se hace casi invisible y cree que así hace más llevadera la vida del resto de la familia. El que hace el papel de conciliador trata de ser el confortador de la familia, intenta hacer que se sientan mejor los otros como si él fuera el responsable de cualquier dolor familiar. Este niño es más sensible a los sentimientos de los demás y dedica mucho tiempo a reducir la intensidad de la tensión en el hogar, es el que tiene la posibilidad de hacer que desaparezca la tristeza de su madre, el miedo de su hermano, la vergüenza de su hermana y la ira de su padre.

Todos estos papeles tienen características que fácilmente pueden considerarse valiosas, ya que *ser responsable*, *ocuparse de los demás* o *ser capaz de adaptarse a las crisis*, no son rasgos que se puedan calificar como destructivos. Sin embargo, al llegar a la edad adulta, estas mismas actitudes, que ayudaron al niño a sobrevivir, a menudo llegan a extremos enfermizos, trayendo consigo un déficit emocional y psicológico que finalmente hace que terminen por no sobrevivir y que tengan problemas de alcoholismo o se casen con un alcohólico. Además, no son felices; si bien estos mecanismos de defensa les ayudan a hacer más tolerable la vida diaria, sufren día con día y no tienen con quién expresarse.

Todo esto se origina en el niño que se enfrenta a la incoherencia e incertidumbre, pues no sabe qué esperar del padre cuando bebe ni de su madre cuando el padre bebe. Tampoco sabe en qué momento su papá tendrá un estallido de agresividad cuando pasa varios días sin tomar. El niño, al no recibir la estructura y coherencia que necesita de sus padres, trata de encontrar la manera de obtenerla por él mismo, por esto frecuentemente el hijo mayor, o hijo único, asume la responsabilidad de la familia, lo hace respondiendo a su propia necesidad de que haya una estructura. Normalmente los padres de estos hijos responsables se enorgullecen de su madurez y piensan que, al verlos aparentemente tranquilos, no se están dando cuenta del problema.

La adopción de un papel es algo que aporta al niño un tipo de consuelo, practica su papel con tanta constancia que se vuelve muy bueno en su ejecución. Aprende cuál es el mejor momento para pedir un permiso y cuando es mejor quedarse callado. Siempre está alerta y pendiente del momento en que su padre o su madre empiezan a beber. Como estos papeles son calificados más de positivos que de extraños, es raro que sean enviados por su conducta con los orientadores escolares o que sean castigados. Tampoco es frecuente que pidan ayuda, ya que han aprendido a depender completamente de sí mismos y llegan a creer que no podrán contar con otros adultos cuando lo necesiten. Es normal que crean que la mayoría de los mayores no es capaz de aportarles claridad y orientación.

También existen los niños que no se ajustan a este papel y en vez de comportarse de una manera que contribuya a estabilizar su vida, manifiestan una actitud inadecuada que corresponde a una conducta problemática de delincuencia. Estos niños desorganizarán su propia vida y la de los demás miembros de la familia con el objeto de distraer la atención del problema del alcoholismo. Es común que estos niños tengan bajas calificaciones o abandonen la escuela, pueden comenzar a beber o drogarse desde los 12 años, las niñas se pueden embarazar a temprana edad y presentar otras formas de conducta socialmente inadecuadas.

Una de las cosas que los hijos de alcohólicos aprenden desde pequeños es a *no hablar* sobre el problema del alcohol que existe en su casa ni de las situaciones que éste acarrea. En realidad, el niño sólo sabe que existe un problema al cual se enfrenta lo mejor que puede, pero no que se trata de alcoholismo y no puede relacionar la imagen que tiene del borracho tirado en la calle con la manera de beber de su padre o madre. Ante la impotencia, la desesperación y la desesperanza, los menores llegan a creer que si simplemente la situación se pasa por alto, es posible que no duela y tal vez hasta desaparezca. Los niños escuchan durante años las discusiones entre la mamá y el papá, o por las noches el llanto de la madre, pero únicamente oyen, no lo comentan con sus hermanos. Tampoco es un tema que se toque con la madre. Se dan muy bien cuenta de que su papá no llegó a dormir pero no preguntan, todos actúan como si no sucediera nada. Las excusas, las mentiras y el ocultamiento son parte del sistema familiar y las principales herramientas de su dinámica.

Debido a la negación del alcoholismo en la familia, rara vez se reconoce alguno de los problemas de los hijos. Estos niños consideran que no pueden contar con la ayuda de otro, dentro o fuera de la familia. Muchas veces se preguntan por qué otros adultos (como pueden ser tíos o abuelos) no parecen darse cuenta o, si se dan cuenta, por qué no hacen nada. El niño no habla porque puede temer que no le crean o porque se siente culpable al mencionar los problemas de sus padres, como si se tratara de una traición, o muchas veces simplemente no sabe cómo decírselo a otros. Frecuentemente terminan por defender a sus padres con la racionalización de que realmente no es tan malo lo que está ocurriendo y prosiguen en lo que ahora se ha vuelto un proceso de negación. El niño de una familia alcohólica se siente completamente solo y cree que de nada servirá hablar con otros. Ha aprendido a no confiar en los demás en lo que se refiere a hablar sobre la verdad, aprendió que es mejor no confiar o tener fe en ninguna otra persona. Sabe que no siempre puede contar con sus padres, es más, nunca sabe qué esperar de ellos.

Los niños deben sentirse seguros para poder confiar, pero el hijo de un alcohólico no puede depender de sus padres para que le proporcionen algo de seguridad. Frecuentemente no se atreven a llevar amigos a su casa por temor a verse humillados, avergonzados o hasta ser atacados físicamente por sus propios padres. Estos niños constantemente escuchan mensajes mezclados, mensajes que enseñan a desconfiar. Es probable que la madre les diga que está contenta cuando en realidad se siente desdichada, el niño se confunde porque las palabras comunican un mensaje, mientras que el movimiento corporal y el tono de la voz le comunican lo opuesto. Estos mensajes mezclados hacen que el niño viva en un estado de desconcierto y distorsionan su percepción.

En la medida en que su enfermedad avanza, el alcohólico pierde la capacidad de ser sincero. Conforme sigue con su hábito de beber, el alcohólico tiene que racionalizar su conducta negativa y debe hacerlo muy bien para poder seguir bebiendo. Tiene miedo de ser sincero con sus hijos, no quiere que experimenten el mismo dolor que él está sintiendo; pero tampoco quiere reconocer, en primer lugar, que el problema existe.

Un niño cuyos padres siempre están absortos en sus propios asuntos no recibe ningún sentido de su valor, lo cual lo hace sentirse que él no tiene importancia. Es frecuente que un padre esté dedicando mucho tiempo a sus borracheras y la madre a preocuparse cada vez más por el alcohólico, disminuyendo así su disponibilidad como recurso para el hijo. Desafortunadamente, para el hijo de un alcohólico, los momentos de más tensión emocional son aquellos en los que menos cuenta con la posibilidad de recibir una atención adecuada. Es muy frecuente que la culpabilidad que sienten los padres, tanto el alcohólico como su codependiente, en los intervalos de sobriedad, los impulse a tratar de compensar al niño y lo cubran repentinamente con muestras de afecto exageradas y promesas que el niño sabe que nunca serán cumplidas; se siente confundido y no confía en la motivación subyacente.

A pesar de que estos niños pueden sobrevivir y de hecho lo logran, surgen problemas en sus vidas porque las circunstancias de su entorno les han imposibilitado sentirse seguros y estables, o depender y confiar en los demás. La confianza es un elemento vital en la formación del carácter para que un niño pueda llegar a ser un adulto sano. Un niño criado en un hogar alcohólico desarrolla un sistema de negación, tanto de sus sentimientos como de sus percepciones de lo que ocurre en el hogar. Aprende a no compartir sus sentimientos y a negarlos porque no confía en que sean validados por los demás; no cree que sus sentimientos recibirán el aliento suficiente, no considera a los demás como recurso; por lo tanto, vive en soledad. Se aísla con sentimientos de temor, preocupación, vergüenza, culpa, ira, soledad, etc., lo cual lo conduce a un estado de desesperación que no se presta a la supervivencia, y entonces aprende otra manera de enfrentar las cosas: aprende a descartar y reprimir los sentimientos. Algunos aprenden incluso a no sentir, simplemente. El hijo de una familia alcohólica puede pasar muy rápido de sentirse desilusionado o enojado por la falta de apoyo de sus padres, a simplemente no sentir nada. En este tipo de negación el niño está levantando barreras de autoprotección. Está aprendiendo mecanismos para enfrentar y protegerse del miedo a la realidad de que sus padres le están fallando.

Los niños de hogares alcohólicos frecuentemente reciben algún tipo de maltrato que puede ir desde el acoso verbal hasta la violencia física y el abuso sexual. En mi libro *Abuso sexual en la infancia*, dedico un capítulo completo a este tema debido a gran cantidad de casos en los que se encuentran relacionados el alcoholismo y este crimen contra la inocencia. Es común que todos los miembros de la familia reciban una cantidad importante de hostigamiento verbal, sin importar que esté mal o bien lo que hayan hecho. Este hostigamiento puede crecer y manifestarse de pronto en violencia, dando como resultado el maltrato físico o el abuso sexual.

El maltrato en un niño no siempre es evidente, y además de ser físico y verbal también puede ser mental. No importa la forma que adopte, la experiencia para el niño siempre resulta aterradora y traumática. El maltrato y la violencia deterioran el desarrollo emocional y psicológico de un niño que permanece atormentado por el miedo, la tristeza, la ira, la vergüenza y la culpa. Muchos hijos de alcohólicos se vuelven alcohólicos, se casan con una persona alcohólica o ambas cosas; muchos hijos de golpeadores se vuelven golpeadores, se casan con una persona golpeadora o ambas cosas. Y muchos hijos de padres con ambos problemas asumen ambos papeles.

El miedo, la tristeza, la ira, la vergüenza y la culpa son emociones muy difíciles de manejar para un adulto, pero para un niño resultan intolerables, por lo que se ve obligado a desarrollar sus propios mecanismos de defensa. Sin embargo, estos sentimientos pueden ser experimentados a diario en un hogar alcohólico, aunque se haya aprendido a no expresarlos. Esta capacidad de negación es lo que en última instancia impide la estabilidad emocional psicológica de los hijos de alcohólicos cuando llegan a la edad adulta. Resulta entonces una combinación fatal cuando por un lado se tiene la negación activa de la familia y por otro un comportamiento aceptable, a veces hasta loable, de un niño que en realidad está viviendo en un verdadero infierno. "Crecí en un pequeño Vietnam" dice un niño hijo de un alcohólico. "Yo no sabía por qué estaba ahí, no sabía quién era el enemigo." Los hijos de tomadores con problemas se aferran a sus sentimientos de temor, culpa y rabia. Créalo o no, aún existe gente que piensa que lo peor de tomar alcohol es una cruda. Aun las esposas que no abusan del alcohol, llegan a parecer tomadoras, por su enojo y miedo, distan de ser mujeres sobrias. Los niños crecen observando a una persona fuera de control, tratando de controlar a otra, y no saben qué es lo "normal".

Desde 1935 los miembros de Alcohólicos Anónimos han dicho que tomar les hizo la vida inmanejable; Al-Anon nos dio noticias de que los familiares y amigos de los tomadores también pueden sufrir; y después siguieron Alateen y Alafot, donde una foto de una persona tomando una lata de cerveza vale más que mil palabras. En Estados Unidos se creó la Asociación de Hijos de Alcohólicos: COAS, que creció a pasos agigantados por todo el país, reafirmando todos los movimientos previos de origen popular y trayendo un nuevo conocimiento sobre los efectos del alcoholismo en más de 28 millones de americanos, quienes han visto al menos a uno de sus padres en la angustia de tal afección. Las malas noticias de COAS:

186

el alcohol es más insidioso de lo que antes se pensaba. Las buenas noticias: con la ayuda adecuada, el terrible daño que hace a los no alcohólicos puede no ser permanente.

Décadas después de que sus padres han muerto, los hijos pueden encontrar difícil tener relaciones íntimas (porque aprendieron a no confiar en nadie) o experiencias de gozo. Claman sentir aversión por todo el mundo, como en el caso del artista Erick Fischl, con un sentido de fracaso por no haber salvado a mamá o a papá del alcohol. Y están propensos a casarse con alcohólicos o con gente problemática. Todo por una sola razón: están deseosos de aceptar un comportamiento inaceptable. Muchos ciertamente se han vuelto adictos a un desorden doméstico. Los hijos de alcohólicos son personas a quienes se les ha robado su niñez. "He visto a niños de cinco años que tienen que cargar con la familia entera" dice Janet Gevinger Wortitz, una de las mamás fundadoras de este movimiento. Sin embargo, los hijos de alcohólicos a menudo muestran una especie de lealtad tribal, aun cuando no es merecida. Tienen un sentido caballeresco que los hace diferentes a otras personas.

Registros cerebrales hechos por el doctor Henri Begleiter de la Universidad Estatal del Colegio de Medicina de Nueva York en Brooklyn, revela que los COAS frecuentemente tienen diferencias en áreas cerebrales, asociadas con lo emocional y la memoria. En este sentido y en otras muchas maneras son a menudo personalidades obsesivas, su tendencia a tener una autoimagen pobre hace que los hijos de alcohólicos se asemejen a los alcohólicos. De hecho, uno de cada cuatro se convierte en alcohólico, comparado con uno en diez de la población general.

La ira de un COA aparece en registros cerebrales. En una sesión de terapia en Cason Family Services en Mernersville, Pa., Ken Gill, un vendedor de IBM de 49 años, tomó un bat acolchonado y le pegó al colchón tan fuerte como para despertar a los demonios dormidos. "Vine porque estaba lastimado y no sabía por qué. Varias cosas estaban saliendo mal. Yo era un trabajador compulsivo y negaba a mi familia." Gill, quien también es un alcohólico en recuperación, nunca obtuvo lo que hasta las ratas y los monos obtienen: unos padres funcionales. Suzanne Sommers, la actriz y cantante, pasó varios años trabajando su enojo en un libro recientemente publicado, llamado *Keeping Secrets.* "Yo decidí que esta enfermedad tomó la primera mitad de mi vida, y maldita sea, no iba a tomarme la segunda mitad." Algunos hijos de alcohólicos tienen un grotesco sobrepeso por comer compulsivamente, mientras otros se visten de éxito como Sommers. Unos cuantos están inmovilizados por la depresión.

Es importante pensar en el alcoholismo no como una enfermedad que afecta los órganos del cuerpo sino como una que afecta a las familias. El concepto de codependencia está en el centro del movimiento COA. Eleanor Wiliams, quien trabajó con COAS en el Hospital Charter Peachford en Atlanta, define la codependencia como "una adicción inconsciente a otra persona con comportamiento disfuncional". Wortitz en una entrevista se refirió a ella de manera más simple: "es una tendencia a poner las necesidades de los otros antes que las mías".

Un paciente de ocho años en el Centro de Consejo de Wortitz en Verona, Nueva Jersey, se despertó en la noche para ver a su madre alcohólica dispararse en la cabeza. El niño marcó el teléfono 911, llevó a su mamá al hospital y la salvó. El pequeño había llegado a convertirse en madre de su propia madre. El miedo de estos niños a las sorpresas es tan grande que de adultos se vuelven controladores. Hacen un gran esfuerzo por asegurar y proteger todo de manera que la vida no vuelva a sorprenderlos, desconfían de todo y de todos esperando siempre lo peor. Cuando forman una familia enloquecen a sus integrantes tratando de controlar sus vidas, sus sentimientos y sus actitudes.

El alcohol mantiene a los niños en un constante estado de ansiedad. El problema de tener un familiar enfermo es que tú crees que es tu problema. Te crees fracasado porque no puedes salvarlo. Algunas otras cosas que el alcohol arruina, antes de llegar al hígado, son las comidas familiares. El alcohol te llena ("Mi papá nunca estaba interesado en comer con nosotros"), te cansa ("Mi papá se acostaba casi siempre a las ocho"). Cuando hay suficiente alcohol en una casa todo empezará a volar por el cuarto y a estamparse en las paredes, toda clase de papeles: órdenes de pago, cheques rebotados, demandas de divorcio. La luz se va y eso quiere decir que papá volvió a olvidarse de pagar el recibo, o que el segundo acto está comenzando.

Los COAS menores de 18 años son más difíciles de ayudar, porque sus padres los sacan del tratamiento. Para estos niños que nunca saben qué esperar, llegar de la escuela a su casa les provoca una ansiedad constante. Algunos pediatras piensan que hay un eslabón entre la ansiedad y las úlceras en la niñez, náuseas crónicas, insomnio, desórdenes alimenticios y dermatitis. Migs Woodside, de la fundación COAS, afirma que una maestra entrenada puede distinguir a un niño hijo de un alcohólico de los demás. Algunas veces los pueden diferenciar por la manera en que están vestidos o porque no tienen dinero para el almuerzo, otras veces se distinguen por interesarse cuando la maestra habla acerca de beber. En 20 o 30 años esos niños tendrán una vaga sensación de fracaso o depresión y les será difícil explicar el porqué.

Los trece rasgos de los hijos de alcohólicos

Janet G. Eringer Wortitz distingue 13 rasgos que casi todos los niños de familias alcohólicas experimentan en algún grado, síntomas que pueden causar problemas de por vida:

1. Al crecer se preguntan cuál es el comportamiento normal.
2. Tienen dificultad para seguir un proyecto de principio a fin.
3. Mienten cuando podrían decir la verdad.
4. Se juzgan sin piedad.
5. Tienen dificultad para divertirse.
6. Se toman muy en serio.
7. Tienen dificultad para entablar una relación íntima.
8. Explotan cuando hay cambios que no están bajo su control.
9. Constantemente buscan aprobación y afirmación.
10. Se sienten diferentes de las demás personas.
11. Son exageradamente responsables o irresponsables.
12. Son extremadamente fieles aunque sea evidente que la lealtad no sea merecida.
13. Tienden a encerrarse en sí mismos sin importar las consecuencias.

El simple hecho de que exista en una familia un problema de alcoholismo es razón suficiente para preocuparse por estos niños, no importa qué tan maduros o tranquilos aparenten ser. Ésta es una situación que definitivamente requiere de ayuda, recuerde que el niño no la va a solicitar. Lo mejor que puede hacer un padre o madre de familia, o cualquier otro adulto con posibilidades de ayudar a estos niños es, antes que nada, informarse bien. Yo recomiendo ampliamente el libro de la doctora Claudia Black que lleva el título *No hablar, no confiar, no sentir. Los efectos del alcoholismo sobre los hijos y cómo superarlos.*

Si usted o su pareja padecen la enfermedad de la adicción, ya sea al alcohol u otra sustancia, debe saber que sus hijos muy probablemente tengan una predisposición genética a la enfermedad. Cuando los padres adictos están en un programa de recuperación pueden apoyar a sus hijos para que cuenten con la ayuda necesaria que les permita enfrentar la enfermedad.

La familia alcohólica es tan disfuncional que todos sus integrantes requieren ayuda. Los hijos de alcohólicos necesitan integrarse a un programa de recuperación y el apoyo de una terapia. La adicción es una enfermedad. No es culpa de nadie, pero sí es responsabilidad de cada individuo hacer algo al respecto, informarse de las características de su enfermedad y buscar la ayuda adecuada. Si bien es incurable, existe una solución para poder vivir con ella sin sufrir ni causar sufrimiento. Se trata de un sistema de vida que sólo se aprende en los grupos de Alcohólicos Anónimos y Al-Anon. También existen grupos para narcóticos, hijos de alcohólicos y jóvenes alcohólicos. La ciencia médica no ha encontrado un tratamiento que cure esta enfermedad y el único que puede ayudar a un alcohólico es otro alcohólico.

Discapacidad

Cuando aparece un trastorno de conducta perturbador, una personalidad antisocial, una discapacidad física o mental, los padres tienen una reacción de shock. Esto es de esperarse, sin embargo, todas estas condiciones pueden aparecer hasta en las familias más saludables. La mayoría de padres de niños con alguna discapacidad declaran que la situación les causa muchísima angustia, dolor, confusión, llanto, ansiedad y trauma emocional. Estos niños requieren de una dosis inmensa de paciencia, así como una gran inversión de tiempo y, en muchos casos, de dinero. Pero afirman que, al mismo tiempo, les proporcionan recompensas indescriptibles de carácter profundo y espiritual.

Convivir con un niño que tiene una discapacidad severa significa reconocer y aceptar de por vida una responsabilidad desafiante; algo que muy a menudo eluden los familiares cuando se acaba de recibir el diagnóstico. Significa, en muchos casos, trabajar sin pausa alguna durante las 24 horas del día, no poder dormir con tranquilidad porque hay que vigilar las interrupciones nocturnas; resolver diariamente sucesos imprevisibles y, en ocasiones, alimentar al niño, vestirlo y cambiarlo porque no puede hacerse cargo de sus propias necesidades. Pero, sobre todo, significa tener muchísima paciencia, dedicación, amor y persistencia para enseñarle poco a poco las cosas que le sea posible hacer por sí mismo.

El tiempo y energía necesarios que requiere convivir con un niño discapacitado pueden causar muchísima tensión dentro del núcleo familiar. Los hermanos, al principio, no comprenden por qué sus padres de repente prestan tanta atención a su hermanito. Sin embargo, todas las cosas tienen su lado positivo y es provechoso para los niños aprender que las necesidades de otras personas pueden ser más urgentes que las suyas y que pueden ayudar a su hermano o hermana a crecer a su mayor potencial. Es un hecho que las familias a menudo son creativas y se adaptan de manera inesperada cuando se unen para satisfacer las necesidades de un niño que se encuentra en desventaja.

Uno de los aspectos más difíciles es el impacto emocional que el niño enfermo causa en el núcleo familiar. Las alegrías anticipadas que habían rodeado la llegada de esta nueva personita en la casa son de repente ensombrecidas por la tensión creada por la "diferencia" que presenta. El reconocimiento y aceptación de las reacciones emocionales con respecto a la enfermedad es quizá la mayor ayuda para vencerlas, ya que cuando los padres y hermanos saben que lo que sienten es de esperarse y es una reacción normal frente a esa situación, pueden entonces localizar métodos terapéuticos para vencer todos los temores e inquietudes que tengan al respecto. La reacción emocional hacia la discapacidad se extiende a lo largo de la vida de la familia. Tras el diagnóstico inicial pueden aparecer cuadros de depresión, sentimientos de culpa, rabia, conflictos internos profundos, y entonces inicia la lucha por encontrar una solución.

Poco a poco, la familia se va acomodando a la situación, pero aparece la necesidad de apoyo. Aquí es donde los diferentes grupos de padres que se organizan para enfrentar un problema común son de gran ayuda. También es normal que aparezcan sentimientos de estar atrapados de por vida, momentos en que se pierde la esperanza, temores sobre el futuro y una imperiosa necesidad de planear para los años de adulto del niño. Mientras que estas emociones dentro de la familia pueden ser amenazantes, ser consciente de ellas puede estimular la búsqueda de ayuda, lo cual es muy bueno para la unidad de la familia, permitiéndole también al niño con discapacidad que adquiera un desarrollo pleno de sus capacidades.

Los padres, por medio de un diverso número de canales, han encontrado que la supervivencia de una familia con un niño con discapacidad es posible, aunque difícil. A la vez que apoya las necesidades del niño con problemas, la familia ha aprendido que hay ciertas estrategias que pueden usar para tolerar mejor el impacto emocional, físico e intelectual que la situación trae consigo. Algunas de las recomendaciones para estos padres son entre otras:

1. No esconder al niño. Sus amigos y familiares podrán ser más comprensivos y prestar más apoyo mientras más sepan sobre su discapacidad, sin embargo, necesitarán ser instruidos sobre ésta.
2. Consiga ayuda para poder tener tiempo de recreo y poder satisfacer las necesidades familiares.
3. Póngase en contacto con un grupo de padres que estén informados sobre el padecimiento o un grupo de apoyo local. Infórmese.
4. Mantenga el sentido de humor, sin importar la perspectiva.

5. Trabajen juntos como una familia para proveer un momento de respiro los unos a los otros. Solicite ayuda de otros y exprese lo que necesita claramente.

6. No descuide la atención de las necesidades de toda la familia; ayude al niño enfermo a que aprenda a entender que hay momentos en los que las necesidades de otros toman precedencia.

7. Desarrolle una rutina estructurada para el cuidado del niño. Recuerde que esto no significa protegerlo del mundo, las personas con discapacidad deben aprender a ser flexibles y hacer frente a la vida en la mejor forma posible, pero la enseñanza debe ser sistemática a lo largo del tiempo.

8. Proteja su propia salud, ya que la mala salud y el cansancio dificultan hacerle frente a la situación. Trate de comer bien, descanse, haga ejercicio y tómese el tiempo para tener un recreo fuera de las exigencias del hogar.

Cada miembro de la familia es importante. A veces, mientras más se esfuerzan, la situación pareciera empeorar. Pero como en muchos otros problemas crónicos, hay alegrías, penas, logros, estancamientos y fracasos. Mantener una perspectiva a largo plazo y disfrutar de los pequeños triunfos ayudará.

Trastornos generalizados de conducta

Los trastornos generalizados de conducta tienen la característica de presentarse después de una etapa en la que el niño mostró un desarrollo normal. De pronto, los avances que el menor venía presentando se detienen y, en ocasiones, parecen desaparecer. Los más comunes hoy en día son el trastorno o déficit de atención, la hiperactividad y el autismo.

El déficit de atención provoca que el niño no pueda mantener su atención centrada en una sola cosa por mucho tiempo. Existe cierto desconcierto ante los problemas de rendimiento que muchos niños presentan en el colegio. Es muy probable que nos encontremos, en algunos casos, con niños con déficit de atención. Por ello, es importante aclarar en qué consiste dicho problema y qué se puede hacer al respecto. Se detecta porque el niño ya no puede poner atención a detalles o comete errores. Tiene dificultades para mantener la atención en trabajos, juegos o cuando le hablan directamente. No sigue las instrucciones o no puede terminar los trabajos que inicia. Tiene dificultad para organizar actividades y evita participar en tareas que requieran un esfuerzo mental mantenido. Suele perder las cosas, es olvidadizo y se distrae fácilmente por estímulos externos. Todos los niños pueden presentar estos síntomas ocasionalmente, el problema existe cuando son crónicos, o sea que se presentan continuamente o todo el tiempo.

La hiperactividad, como su nombre lo indica, nos habla de actividad excesiva. El niño hiperactivo suele estar moviendo siempre las manos o los pies, o se retuerce en su asiento. No es capaz de mantenerse sentado, corre o trepa continuamente y no puede jugar juegos tranquilos o que requieran paciencia. Se le ve siempre acelerado, habla excesivamente, contesta antes de escuchar las preguntas, no puede esperar su turno, interrumpe y se entromete mucho.

En el caso del autismo el niño parece ausente. Pierde sus capacidades de lenguaje, no se comunica o lo hace utilizando un mínimo de palabras. Es común que presente ecolalia, o sea repetir las últimas palabras que escuchó. Estos niños no parecen sentir emociones como el afecto y pueden irritarse de pronto sin ningún motivo aparente.

Desgraciadamente muchos médicos que se hacen llamar "pediatras", que nosotros calificamos como "piedrotas", están tan cerrados de la cabeza como para no recurrir a la información clínica acerca de los trastornos de desarrollo de los niños. Estos médicos creen que la pediatría se debe limitar a practicar de vez en cuando una circuncisión y a tratar resfriados y diarreas. La pediatría es eso y mucho más, obliga a estar tan informados que también se conviertan a su vez en el vehículo de tranquilidad para los padres angustiados por lo que viven sus hijos.

Afortunadamente, quienes se han ocupado de los trastornos generalizados del desarrollo no son las organizaciones médicas. Digo afortunadamente por que éstas suelen ser sociedades de alabanzas mutuas donde se presentan en congresitos y reuniones los éxitos de la mediocridad médica mundial, reuniones donde uno alaba al profesor o al jefe del servicio y critica al enemigo potencial. En el caso de los trastornos de la conducta, los psicoterapeutas se pelean contra los psiquiatras, los psiquiatras contra los psicoanalistas y los psicoanalistas contra los únicos que consideran superiores a ellos: Dios y su corte celestial. Pero son los padres de familia los que se han organizado, se organizan y se organizarán para obtener una respuesta a sus inquietudes y ayudar a los otros cientos de miles de padres que viven la misma experiencia de padecer la ignorancia de los médicos y la decepción cuando son víctimas de quienes ofrecen soluciones mágicas. Hemos escuchado de terapias con caballos, con delfines y hasta programas de radio donde dan terapia de perro, o sea de sobarle el lomo a un enfermo o un padre de familia para decirle que no pasa nada. Tampoco eso funciona.

Lo que ha funcionado el día de hoy, además del conocimiento formal de las disfunciones cerebrales, es el conocimiento cada vez más cercano a la verdad de los trastornos genéticos y la bioquímica cerebral que permiten ya hacer un diagnóstico más adecuado. Pero siempre el manejo del niño con problemas se le deja a los padres de familia, quienes por necesidad, en un acto de responsabilidad, acometen con toda su energía y amor dando tiempo, dinero y esfuerzo a esta lucha para ayudar a un niño que no se desempeña en todas sus posibilidades. Los padres de niños con autismo suelen verse en la necesidad de recurrir a infinidad de especialistas antes de encontrar uno que pueda diagnosticar el trastorno del comportamiento de su hijo. Los padres recorren este calvario, que en promedio significa consultar 13 especialistas, con la pérdida de tiempo y el gasto que ello supone, para poder llegar a uno que no sea ignorante.

Recientemente, tuvimos noticias de niños diagnosticados con autismo que han presentado avances significativos a una velocidad superior a la que presentan con los tratamientos y terapias reconocidos por la ciencia médica. Se nos informó que estos beneficios se habían conseguido a través de la intervención nutricional. Nos enteramos también que estos avances y descubrimientos se han hecho gracias a una organización de padres de niños con trastornos generalizados de desarrollo y pudimos contar con la presencia de dos madres jóvenes pertenecientes a esta liga en nuestro programa de radio. Estas mujeres narraron cómo, a través de la modificación de la dieta, consiguieron verdaderos cambios en el comportamiento de estos menores y modificaron también los niveles del déficit de atención. En lo personal, me quedé muy sorprendido, porque fue la primera vez que escuché de algo así, y se supone que yo presumo de ser especialista y de estar al día en todos los avances de la ciencia que pueden ayudar a mejorar la vida de quienes padecen estos trastornos. Con toda la vergüenza del mundo y haciendo a un lado la soberbia, tuve que reconocer que ignoraba por completo que se tuviese el día de hoy el conocimiento, en la teoría y en la práctica, de este tipo de métodos para corregir algunos trastornos de conducta. Aunque esta vergüenza se atenuó cuando me enteré de que también mis colegas dedicados casi exclusivamente a estos trastornos ignoraban este recurso maravilloso de la intervención nutricional. Estas madres nos narraron su experiencia personal cuando tuvieron que enfrentarse a la realidad de un trastorno generalizado de desarrollo que, con el tiempo, supieron que se llamaba autismo.

Testimonio de Mayra

Sabemos ahora que desde el embarazo existen muchos factores que pueden influir. En mi caso, me embaracé a los 25 años y mi ginecólogo me dijo que podía tomar Aspartame para no engordar. Por supuesto, yo confiaba en él. Curiosamente muchas madres de niños autistas se alimentaron durante el embarazo con atún en lata, que contiene grandes cantidades de mercurio. Durante el embarazo me colocaron una amalgama en el dentista, lo que también provoca que uno trague mercurio. Hoy en día se sabe que esto es un antecedente que debe tomarse en consideración categóricamente como aspecto preventivo en el desarrollo del feto. No quiero decir con esto que necesariamente la colocación de una amalgama en el embarazo va a provocar autismo. Todos los organismos son diferentes, probablemente yo ya tenía más cantidad de metales en mi cuerpo o tal vez no pueda eliminarlos de manera correcta.

En la actualidad, existe una prueba bastante económica para detectar la cantidad de metales en el organismo. Se ha descubierto que los niveles de metales influyen enormemente en los problemas de conducta de manera drástica. Esta prueba es muy sencilla y sólo se requiere una muestra de cabello. Una mujer que planea embarazarse se puede hacer esta prueba para ver si los niveles de metales en su organismo ponen en riesgo al futuro bebé. En México aún no existen laboratorios especializados para esta prueba. Lo que hacemos es enviar la muestra a un laboratorio en Kansas. Tiene un costo aproximado de 1 300 pesos. Con esta prueba se puede saber si hay contenidos de plomo, arsénico, mercurio y todos esos metales pesados que son tóxicos. Esta prueba nos indica también con qué nutrimentos contamos: calcio, magnesio, etc. Se llama metales en cabello y tiene la ventaja de poder detectar los niveles de metales que ha tenido el organismo en diferentes fechas, lo que no ocurre con una prueba de orina o de sangre, que sólo nos indica los niveles que existen en el momento en que se toma la muestra.

Durante el embarazo padecí de una angustia constante. La cosa empeoró casi al final porque a mi esposo le dio un infarto. En el hospital me informaron que se estaba muriendo, lo cual no resultó cierto pero la noticia provocó que se adelantara el parto. Los primeros días en casa fueron muy estresantes. Por un lado tenía que atender a mi esposo y por otro a mi nuevo bebé. Sin embargo, el niño presentó un desarrollo normal hasta la edad de un año y ocho meses. Era un niño muy alegre que imitaba mucho. Ya repetía muchas terminaciones y algunas palabras cortas, decía alrededor de cien palabras. De pronto, dejó de hablar, su mirada se volvió ausente, ya no parecía estar aquí.

El peregrinaje por consultorios médicos con mi pequeño hijo fue muy difícil y penoso. Yo misma me tuve que poner a investigar cuando noté que pediatras, psicólogos, neurólogos y psiquiatras no tenían idea de qué le sucedía a mi hijo, por qué de pronto dejó de hablar. Me volví experta en el padecimiento mientras luchaba todos los días con la situación. Las cosas empezaron a verse mejor cuando me uní a un grupo de padres que enfrentan el mismo problema. El solo hecho de saber que tu caso no es único es tranquilizador, pero descubrir que sí hay una esperanza es lo mejor que me ha sucedido. Cuando hablo de esperanza no me refiero a una solución mágica sino a una posibilidad de mejoría a través de un trabajo que tiene mucho sentido. Finalmente somos madres y padres a quienes no nos quedó de otra más que ponernos a estudiar después de un diagnóstico en el que se nos dice que tomemos nuestro bulto y lo llevemos a casa porque no hay nada que hacer.

El resultado de las investigaciones y la práctica de este grupo de padres es asombroso. Se descubrió que este trastorno multifuncional tiene un aspecto metabólico que juega un papel muy importante. Esto tiene sentido porque se sabe que la química cerebral afecta todas las funciones del organismo. El trabajo ha consistido en detectar cómo metabolizan estos niños ciertas sustancias y cambiar su dieta nutricional para evitar la ingesta de aquello que les afecta. De esta manera, se eliminan los metales tóxicos, así como reacciones tóxicas que su mismo organismo provoca. En el caso de mi hijo, la suspensión definitiva de gluten y caseína en su alimentación ha hecho que presente avances sorprendentes. De ser un niño al que ya no podía llevar a ningún lado, hoy asiste a una escuela normal, está en un grupo normal aunque cuenta con asesoría especial. La LINCA (Liga de Intervención Nutricional Contra el Autismo e Hiperactividad, A. C.) es una organización de padres no lucrativa que tiene las puertas abiertas para todos aquellos papás de niños con trastornos generalizados de desarrollo. Se les ayuda proporcionando toda la información que necesiten de manera que no tengan que recorrer el calvario que otros conocimos.

Existe también otra condición imprevisible en la que nace un niño con un trastorno que le va a provocar una conducta perturbadora y antisocial, después presentará síntomas de una personalidad psicópata. Cuando un niño presenta una conducta perturbadora hay que pedir ayuda inmediatamente. Es muy común que los padres pasen tiempo pensando o planeando hacer algo, esto es muy grave, hay que actuar, no planear. A veces hasta se cree que pensarlo es como haberlo hecho. Otro error que se comete mucho es pensar que platicando se arreglan los problemas. Se requiere, necesariamente, la ayuda de un profesional.

La dislexia

Es común que los padres reaccionen con alarma cuando se les informa que su hijo es disléxico, como si se tratara de una enfermedad grave. Pero esta condición no se debe a ningún daño cerebral o neuronal, ni a una malformación del cerebro, incluso la

200

mente de muchos de estos niños podría ser como la de los genios. Sin embargo, esta enfermedad debe ser detectada a tiempo para tratar los aspectos negativos.

Existe un porcentaje de niños para los que leer y escribir se convierte en una pesadilla, pues no logran conseguir que la lectura y la escritura sean para ellos algo automático, les cuesta entender y asimilar lo que leen, tienen problemas de ortografía, escritura y desorientación, principalmente. A estos niños tradicionalmente se les ha etiquetado como disléxicos, pero hay mucho desconocimiento al respecto. Conviene aclarar que no hay dos disléxicos originados de la misma manera y que recientes investigaciones, sobre todo las llevadas a cabo por Ronald D. Davis, están encontrando que la mente de muchos disléxicos funciona de la misma manera que la de muchos genios y que "la misma capacidad mental que permite la genialidad es la que causa sus problemas". La dislexia se caracteriza por una pérdida parcial en la capacidad de la lectura y en ocasiones de la escritura. Se manifiesta mediante gran variedad de síntomas que aparecen a causa de un problema de ordenación que el cerebro hace de la información que le llega por escrito, llevándole en ocasiones a la confusión y a reaccionar de una forma peculiar. Las dificultades más comunes que se presentan en las personas disléxicas son:

1. Dificultades en la lectura: les cuesta convertir las letras en sonidos verbales y, por tanto, no logran tener imágenes claras de lo que está escrito en la página. Esto les lleva a no leer bien y a tener dificultades para comprender lo que leen. A veces tienen la sensación de que las letras y los números bailan, suelen saltarse renglones y palabras u omiten los signos de puntuación.

2. Problemas de ortografía debido en parte a la desorientación que les caracteriza y a que les cuesta aprender las reglas ortográficas, sobre todo las excepciones de las mismas.

3. Dificultades de equilibrio y orientación: les cuesta ubicarse y orientarse en el espacio, presentando cierta torpeza para moverse y desplazarse. Les resulta difícil vestirse, diferenciar entre derecho e izquierdo y organizar sus cosas.

4. Problemas de escritura: suelen invertir sílabas, palabras, omitir letras, etc. Por ejemplo, escribir *cora* en lugar de *arco* o *panio* en lugar de *piano*.

5. Dificultades para las matemáticas: les cuesta aprender los conceptos matemáticos y también invierten los números escribiendo 59 cuando piensan en 95. Muchas personas con dislexia suelen descubrir el error cuando se dan cuenta de que el número telefónico que anotaron está equivocado.

6. Dificultades de concentración y problemas de atención. Con frecuencia pierden el hilo de las conversaciones. Si una plática es interrumpida, olvidan el tema del que se estaba hablando.

Conviene aclarar que no todos los disléxicos tienen estos síntomas, y que no todos los niños que tengan estos síntomas son disléxicos. Casi todos los niños, en mayor o menor medida, tienen alguno de estos síntomas en forma aislada, pero es aconsejable que en el momento en que se detecte alguno de estos signos se tomen las medidas oportunas para corregirlos. Se pueden detectar signos de dislexia en los primeros años de vida, en el periodo preescolar. Pero es aconsejable esperar un tiempo para establecer el diagnóstico, ya que en muchas ocasiones estos signos no han derivado en este trastorno. El tiempo prudencial para diagnosticarlo es alrededor de los cinco o seis años, que es cuando el niño empieza a leer.

Pero los disléxicos no solamente tienen síntomas negativos, sino que se ha descubierto la presencia de ciertas habilidades: tienen muy desarrollada la capacidad de intuición, son muy imaginativos, muy curiosos en el sentido de conocer y aprender lo que les interesa y tienen grandes inquietudes. Cuando piensan, son capaces de vivir lo que imaginan como si fuera real, piensan en imágenes, suelen tener muy desarrollada la creatividad. Según Davis, poseen la "habilidad de visualizar las imágenes mentales de forma tridimensional, de moverse alrededor de ellas dentro del propio espacio".

Respecto a los aspectos negativos es necesario detectar en qué áreas el niño no está bien e intervenir en ellas siempre de forma coordinada con el colegio y, sobre todo, supervisado y orientado por un especialista. Hoy en día existen métodos eficaces con los que se obtienen muy buenos resultados. Es aconsejable que se empiece a trabajar cuanto antes.

10. Transición a la adolescencia

No existe tal cosa como un día en que el niño deja de serlo para convertirse en adolescente. Paulatinamente, empieza a tener cambios, no sólo a nivel físico, sino también en lo emocional y lo social. Estas transformaciones pueden iniciar desde los nueve años o más tarde, y pueden hacerse evidentes tiempo después. Es una época de crecimiento y desarrollo acelerados. El niño de pronto se vuelve impredecible, su estado de ánimo cambia de un momento a otro y esto puede ser muy desconcertante para los padres, pero —recuerde— también lo es para él.

El despertar fisiológico, el desarrollo emocional y su integración social causan, inicialmente en el niño, un caos que está íntimamente ligado a algo que se inicia, a ese tratar de ser y de no ser al mismo tiempo. Existe una lucha entre el desprenderse de la niñez y el seguir siendo niño, entre crecer y quedarse en la infancia, entre depender e independizarse, entre enfrentar responsabilidades y pretender carecer de ellas.

Para poder crecer emocionalmente, el adolescente tiene que enfrentar aquellos cambios que la biología le otorga en medio de una sociedad que se refiere primordialmente al sexo. Es la etapa biológica que determina el crecimiento de sus genitales, la aparición de la menstruación y los caracteres sexuales secundarios. La mayoría de los adolescentes mexicanos no cuenta con la anuencia de la familia. Se da en él o ella lo que por años ha sido pecaminoso, sucio, inaccesible. Confronta sus primeras experiencias con los amigos, que generalmente están en las mismas circunstancias de inexperiencia e ignorancia. Por desgracia, la mayoría de los padres prefieren que la educación sexual sea impartida a sus hijos por otros, alegando desconocimiento, timidez u otros elementos igualmente escasos de autenticidad. En el fondo, es la vergüenza absoluta que el adulto tiene hacia el sexo, expresado genuina y abiertamente. Esto es más común en las clases media y alta. En ambientes de pobreza y confinamiento, la promiscuidad propicia el conocimiento sexual temprano, no menos traumático.

Testimonio de una joven de 24 años

Yo creía hasta ahora que todas las cosas del universo eran, inevitablemente, padres o hijos. Pero he aquí que mi dolor de hoy no es padre ni es hijo. Le falta espalda para anochecer, tanto como le sobra pecho para amanecer y si lo pusiesen en la estancia oscura no daría luz, y si lo pusiesen en la estancia luminosa no echaría sombra. Hoy sufro suceda lo que suceda. Hoy sufro solamente.

César Vallejo

Casi siempre voy por la calle pensando en este verso de César Vallejo. Pero lo pienso mal, y lo repito mal; porque me encuentro diciendo: "Yo creía que hasta ahora todos los dolores del universo eran, inevitablemente, padres e hijos...", por algo será. Hablar de las relaciones entre padres e hijos siempre me parece doloroso. No estoy diciendo que todas las sean, o que siempre las sean, pero en el ámbito de las relaciones humanas me

206

parece que son las más dolorosas, por no decir las peores. De todo mi círculo de amigos y conocidos sólo recuerdo a dos que no han vivido en familias disfuncionales y que realmente conocen lo que es vivir en armonía y tranquilidad. No culpan a sus padres, no se culpan a sí mismos, no sufren depresión ni otros tipos de desórdenes psicológicos, no desprecian las comidas familiares, ni la Navidad, ni los viajes en carretera. Yo sí. Y odio hasta hoy, como odié mucho tiempo, ir a comer los domingos a los restaurantes de ambiente familiar a las dos de la tarde. Prefiero comer a las cinco, ya que todo está vacío, ir con mi pareja y evitar la náusea de ver a dos o tres niños o adolescentes sentados a la mesa junto a sus padres. Y es extraño, porque no siempre la pasé tan mal como lo recuerdo cuando veo estas escenas. La memoria nos juega estas malas pasadas. Es extraño también que sea hasta mi viaje de bodas cuando me dé cuenta del grave rencor que les tengo a mis padres. Me siento incapaz de formar una familia estable.

Mi nombre es Beatriz y vengo de una familia disfuncional. Somos cinco miembros en el núcleo de origen: un papá, una mamá 20 años más joven, una hermana mayor, yo y mi hermano, seis años menor. Mi papá fue un hombre casado con otra mujer que no era mi madre hasta que yo cumplí los 20 años. Por supuesto, ese día mi mamá nos dijo en secreto a las dos: "Arréglense bien que vamos a ir a festejar con su papá porque hoy se divorció". Y ese día nos arreglamos mal (para variar) y fuimos con él y su abogado a bailar al Antillanos. No me acuerdo si mi hermano fue también. No creo, era menor de edad. Pero de cualquier manera a él ni en secreto le habrían dicho que mi papá apenas se había divorciado. Mi hermano José vivió otra cosa, más bien otra versión. Mi papá se divorció cuando yo tenía 20 años pero se cambió a nuestra casa cuando yo tenía 15 o 16. Nunca me di cuenta de que antes no vivía ahí. Nos iba a visitar en las tardes, comía con nosotras, se dormía después de comer y después se iba a trabajar. Eso era lo normal. De niña recuerdo que me la pasé feliz. Jugaba mucho con Claudia, mi hermana. Mi mamá nunca se enojaba y la casa era muy tranquila para mí. Digo para mí porque Claudia dice que no, que Juan, mi papá, siempre era muy agresivo. Además de que Claudia era mucho más despierta que yo y se daba cuenta de que no había ropa de hombre en el clóset, de que Juan se iba en la noche y entonces ella se iba a dormir a la cama con mi mamá, etc. Pero Claudia también vivió otra cosa, otra versión. Yo me la pasé muy feliz hasta que llegó mi hermano José y me destronó de quién sabe qué trono. Pero después él empezó a hablar y nos empezamos a hacer amigos.

En mi casa había dos reglas que cumplir: "puro diez" y nada de novios ("hasta los 18 que ya tengan edad para defenderse si les faltan al respeto" decía mi papá). Mi mamá, Carmen, no decía nada, pero cuidaba que se cumplieran. Claudia siempre las cumplió y hasta hoy lo resiente. Yo nunca las pude cumplir y también lo resiento. En cuanto a las calificaciones, siempre me regañaban. Tengo la sensación de que me la pasé mal cuando las tenía que entregar, cuando tenía que hacer la tarea o ir con tutores especiales. Pero hasta hoy eso no tiene mayor relevancia en mi vida. Debió de haber sido que no entendí muy bien las reglas, porque a los 18 años me empecé a sacar "puro diez" y lo de los novios, pues… siempre los tuve y siempre les falté al respeto. Gracias a Dios.

Por cierto, Dios no fue parte de la educación integral de la casa. Mi mamá nos enseñó a rezar a pesar de que la excomulgaron por no haberse casado y de paso a mi abuela por haber tenido a una hija que estaba excomulgada por no haberse casado. Mi abuela negoció después su entrada al Cielo y mi madre se quedó con los rezos en su profundo silencio y sus veladoras en días de peste. A ninguno de los tres nos bautizaron con la explicación de que era mejor darnos libertad y ya cuando creciéramos veríamos si queríamos decidirnos por alguna religión (entiéndase sólo el catolicismo, porque bien que mi padre, no mi madre, hizo lo posible por convencerme para que me casara por la Iglesia, como la gente decente, porque además uno es hombre de sociedad y hay cosas con las que uno tiene que cumplir). Tampoco con eso cumplí y hasta hoy me pregunto con qué cara me pidió que me casara por la Iglesia.

Quiero regresar a la regla de los novios, porque el castigo más fuerte que se llegó a ver en la casa lo sufrí yo por tener, a los 15 años, un novio chicano que además "de ser horrible y de besarme en la boca, seguro me estaba metiendo a las drogas". El castigo me lo merecía por desobedecer, y porque además —triste Ofelia— escribías y describías los primeros besos largos de tu vida en un diario que era un arma para la KGB. También, ¿a quién se le ocurre dejar evidencias en una casa de espías? "Más vale un beso que una carta" me enseñó entonces mi abuela. Porque en la casa la mañana era larga para que espiara mi mamá, y en la escuela me pusieron un guardia (así me lo dijeron) que se llamaba Claudia, y que era mi hermana, y "ya vería si seguía con aquel patán". Por supuesto que seguí, más de un año y a escondidas, dándome besos cada vez más largos, más dulces y más tristes también. Claudia les hizo caso, aunque les advirtió: "Beatriz me va a odiar". Y sí, la odié por mucho tiempo. Aquí, yo pienso, empecé a darme cuenta de lo que era vivir. Al menos es en esta época cuando creo que empiezo a decidir, a entender, a amar, a odiar y también a enfermarme. El castigo duró varios meses y consistía en no darme de comer, no permitir que nadie me hablara en la casa, no lavarme ni plancharme la ropa, no usar cosas nuevas, esculcarme la mochila, esconder mis cartas de amor (amo decir "cartas de amor"), no salir los viernes, separarme de mis amigas pidiéndole a sus mamás que les prohibieran estar conmigo, amenazarme con cambiarme de escuela y, por supuesto, no poder pintarme las uñas porque seguro me drogaba también con el esmalte. Hasta la fecha, diez años después, este tema sigue siendo punto de pleito entre mi madre y yo. Hoy dice que no es cierto, que no duró tanto, que de todas maneras siempre tuve novio, que "Tú desobedeciste, mamacita". Y siempre le digo que nunca he negado que desobedecí, pero la regla era perversa desde el principio. En fin, mi madre siempre se defiende diciendo que un padre siempre quiere saber en qué andan sus hijos. Me acuerdo mucho de lo sola que me sentí. Con Claudia no pude contar, pero no la culpo, a ella la castraron "de tallo" hasta avanzados los 20 cuando por primera vez se atrevió a salir con muchachos.

Tenía yo 15 años, ya lo dije. Mi chicano se llamaba Eddie Santiago y era el mejor jugador de basquetbol de toda la generación. En el recreo nos íbamos al gimnasio y jugábamos un "uno a uno", y a veces me dejaba ganar. En el uniforme del equipo, él había escogido el número 13. "Si lo juntas —me decía— es una B." Y discutíamos:

—La B me da suerte.

—No, el 13 te da suerte.

—¿De verdad crees que lo escogí por el 13?

—Síp.

—Pues lo escogí por la B.

Y nos íbamos felices porque, cuando ganaba, para mí en verdad era por la B, y para él en verdad era por el 13, porque casi era 23: el número de Michael Jordan en los Bulls de Chicago. Esto no viene mucho a cuento con el tema de los padres pero es mi testimonio y tengo ganas de escribir un poco sobre Eddie Santiago, que se fue a vivir a otro país y regresó meses después a buscarme. Nos vimos en la fuente de Coyoacán y me regaló dos poemas escritos por él y la identificación con fotografía de su nueva escuela. Un año después yo también me fui al extranjero y todavía ahí, en secreto, pudimos hablarnos por teléfono. Ya había pasado el tiempo y supuse que podía hablarme a mi casa sin problemas. Le di el número. Habló una tarde, de larga distancia desde Florida, pero mi mamá contestó y enfrente de mí dijo: "No está", puso cara de "me sigue una maldición" y le colgó. Ésa fue la última vez que supe algo de Eddie Santiago. Lo busqué después pero las cartas ya no las contestó, nunca estaba en su internado cuando yo hablaba por teléfono y, al final, mejor así porque ya vivíamos muy, muy lejos. Y también como maldición supe que no lo iba a volver a ver. Colgó mi mamá y ya no le dije nada, pero me puse a llorar sobre el escritorio. Se acercó y me dijo: "Mamacita, sólo quiero que me contestes algo porque no entiendo por qué tanto amor con ese niño… ¿todavía eres señorita?" ¿Quieren que les cuente lo que le contesté, o quieren que les cuente la verdad? Sí. Las dos son sí. Pero el que le dije a ella estaba lleno de asco de ver cómo comparaba el amor. ¿De veras sólo entregando la flor uno podía enamorarse tanto? Qué triste, ¿no? Yo toda la vida, desde entonces, he comparado el amor con la muerte. Para mí, el amor y la muerte existen como verdades únicas. La virginidad, por el contrario, como tantos otros valores de "honestidad" y "honor", es un elemento castrante, nos hace culpables o mentirosos y nos estigmatiza como una letra escarlata que hay que llevar marcada en la piel. Mi relación era tan inocente como la escena que cuento. Sin embargo, mis padres se imaginaban no sólo que me drogaba, sino que tenía relaciones sexuales. Haber tenido a Eddie como novio me hizo saber lo que mis papás esperaban de mí y a qué edad tenía que írselos demostrando. Pero también andar con Eddie me hizo entender que yo era una persona independiente, con sentimientos que no podía ocultar y que tenía que vivir. Mi tiempo estaba pasando sólo una vez en la vida y las cosas de esa época no las volvería a vivir. Decidí jugármela y rebelarme contra mis padres, aunque eso me causó un año muy fuerte de sufrimiento. Hoy valoro la fuerza que tuve para poder tener lo que quise. Ya hace mucho tiempo de eso, ahora estoy casada y soy muy dichosa. A mi esposo lo amo más de lo que a los 15 años Julieta pudo amar a Romeo. Mi esposo conoce esta historia. Se enoja y se entristece cuando se la cuento y él me platica de un amor que, a los 17 años, también le prohibieron. Ninguno de los dos hemos perdonado a nuestros padres por esas actitudes tan exageradas y ridículas. Ahora vemos a los adolescentes y nos cuestionamos por qué los padres se sienten tan amenazados por las decisiones de sus hijos y hacen todo para castrarlos. ¿Cómo pueden ser tan duros con seres tan amorfos? Mis padres, cuando les hago esta pregunta, contestan: "Ya sabrán cuando tengan hijos". Quizás algún día lo sabremos. Pero, al menos para mí, tener hijos y formar una familia es sinónimo de infortunio, y espero nunca tenerlo.

El adolescente comienza a experimentar en sí mismo lo que por años constituyó lo prohibido, lo pecaminoso, lo que pueden hacer los adultos pero siempre a escondidas. Es posible que trate de negar que le es conflictivo a través de la broma, la burla, el alarde, la masturbación con todo su cortejo de vergüenza-culpa, o que se engañe a sí mismo pensando que ha trascendido el gran misterio. Lo cierto es que el asunto le crea muchas inquietudes que la mayoría de las veces no sabe cómo resolver.

Para el varón es una etapa de gran incertidumbre en la que vigila el crecimiento paulatino de sus genitales, los compara con los de sus demás compañeros, siente y piensa que del tamaño que alcancen dependerá el futuro de su vida sexual. Se masturba, pero tras el placer viene la sensación de pecado, de haber hecho algo malo, y el escondido temor de que de ello le vengan múltiples males. Sin embargo, se ve compelido a manejarse sexualmente. Si no, no es hombre, no se sentirá vinculado al grupo y creerá que no puede pertenecer a él. Las primeras experiencias del varón suelen darse con jovencitas o mujeres adultas, las primeras ávidas de experimentar lo desconocido y las segundas con la necesidad de realizar lo que no llevaron a cabo en su tiempo. Ambas son desconcertantes para el adolescente, pero siente que con esta iniciación puede, más que alardear, competir; más que gozar, conocer. Aun cuando no tenga todavía sentido de responsabilidad, siente la necesidad de pertenecer al grupo y de liberarse de una autoridad que hasta hoy ha demostrado, en diferentes culturas y sociedades, no ser eficaz. Debemos preguntarnos si lo que la sociedad actual plantea como sistema de vida, como forma de crecimiento y desarrollo, como meta, es algo valedero. Para los adolescentes de ambos sexos, ser sexual es trascender una serie de normas, las más de las cuales son obsoletas en la actualidad.

La mayoría de los adolescentes tiene un gran desconocimiento de lo relativo al sexo, exceptuando su utilización como una forma de genitalidad. Es decir, saben y sienten para qué función están destinados sus órganos sexuales, pero desconocen la responsabilidad y los roles que ello implica. Entre ellos, hablan abiertamente de sus relaciones sexuales, del temor a ser descubiertos en el acto o de la libertad actual para llevarlas a cabo. Difícilmente se cuestionan la posibilidad de la paternidad o la posibilidad de enfrentar la formación de una familia. El uso de preservativos es más una cuestión de prevención del SIDA que un método de control de la natalidad. Parece increíble que con la abundancia de información en los medios, todavía cientos de jovencitas resulten embarazadas.

Emocionalmente, el joven debe cambiar estilo de vida, actitudes, relaciones y actividades. Algunos adolescentes, sujetos a presiones severas por estados de tensión en la familia, buscan, como una forma de escapar, vincularse a otras personas y se unen a un grupo. La tensión indudablemente les lleva a actitudes contradictorias que resultan incomprensibles al adulto, tales como abnegación y egoísmo, actos nobles y antisociales, sociabilidad y aislamiento, confianza y rebeldía ante la autoridad, deseos de aventura y recogimiento, actividad exagerada y pereza, alegría y melancolía, concentración interna y extroversión, entre otras. Lo que motiva esta contradicción es el viejo empleo de la técnica del ensayo y error de quien está aprendiendo a vivir o por lo menos pretendiendo hacerlo y al mismo tiempo encuentra innumerables obstáculos para lograrlo, familiares, sociales y económicos. Para el adolescente ser él mismo significa desvincularse de los lazos que en la infancia lo sujetaron a aceptar muchas cosas como reales y valederas, de las cuales de pronto se ve desprovisto, ya sea porque deja de creer en ellas o porque han dejado de ser valores actuales en la sociedad a la que ingresa.

Paulatinamente, el niño que ha gozado de cierta libertad para jugar debe incorporarse a las pautas sociales establecidas. El adolescente se enfrenta a la realidad de que las cosas en el mundo de los adultos al que está ingresando no funcionan como creía. Descubre que existen la corrupción en el sistema, el temor al qué dirán, las ideas religiosas y mágicas, el burocratismo, que el padre o la madre no son héroes, el líder sin escrúpulos, los partidos políticos vendidos, los grandes engaños de los gobernantes, el hipócrita modo de vivir de una sociedad para la cual, paradójicamente, no ha sido preparado. Enfrenta constantemente una autoridad irracional que le provoca ira, que lo hace acuñar su lucha abierta o cerrada, que lo motiva para luchar por un mundo diferente, aunque no tenga muy claro cómo debe ser ese otro mundo. El adolescente enfrenta la sociedad que le hemos heredado los mismos adultos que, en su mayoría, nos hemos convertido en conformistas. Cada día, somos una sociedad más tecnificada en la que los valores humanos han sido sustituidos por la mecanización y el comercialismo, una sociedad en la que parece ser más importante tener que ser.

El muchacho siente la necesidad de tener un lugar en la sociedad. Crea o construye ídolos, se identifica con ellos y trata de ser como ellos durante buena parte de su vida. Lo anómalo, en la actualidad, es que esos ídolos son la imagen de lo que la sociedad propicia, como cantantes de moda, futbolistas, boxeadores o hasta drogadictos, pero nunca un filósofo, un biólogo o un premio Nobel. Muchos adolescentes se afilian hoy en día a lo que creen que puede constituir un sistema de vida: grupos pseudorreligiosos que utilizan fármacos y predican ideas exóticas, sacerdotes progresistas convencidos de que el humanismo debe reinstalarse o comunidades de jóvenes que pretenden demostrarle al mundo que son diferentes aunque no encuentren otra forma de hacerlo más que vistiendo ropas extrañas.

El joven se vincula a otros grupos y trata de romper el cordón umbilical que lo une la familia. Generalmente, tanto la integración como la ruptura son difíciles. En la primera, el grupo puede tener pautas antisociales, religiosas o antirreligiosas, ritos de iniciación que pueden ser degradantes, pero el joven siente que es lo único que tiene si quiere lograr desprenderse. Por otra parte, la familia pretende que el adolescente no cambie, que permanezca en las pautas establecidas, que siga siendo obediente, tranquilo, estudioso y militante de su religión. Esto provoca innumerables veces que la ruptura sea violenta, con agresiones de ambas partes, o bien que el joven, ante las presiones existentes, termine sometiéndose nuevamente a ellas, lo que le impide crecer y lo hace sentirse frustrado, aunque se acopla por comodidad o por debilidad a lo establecido. El que lucha, el que desea desvincularse tiene pocas prerrogativas, los grupos a los que puede vincularse no siempre corresponden a lo que éste desea, pero es la única alternativa que se presenta. Quiere hacer oír su voz en una protesta que unas veces es débil y otras indirecta; a través de las drogas, las huidas, la rebeldía a la autoridad; enajenado por quienes pretenden ser líderes de las juventudes —ya sean estudiantes, campesinos u obreros— y aprovechan la energía de vida y la terquedad del joven, así como su necesidad de cambio, para venderle ideas que la mayoría de las veces resultan en contra del mismo adolescente.

El adolescente que debe independizarse generalmente se encuentra con una barrera emocional, social o cultural que le cierra el paso, barrera que puede trasponerse pero no es fácil. Desgraciadamente, en México son unos cuantos los que logran salvar estos obstáculos, el resto, al llegar a ellos, claudica temiendo por sus intereses y regresa a formar parte del enorme rebaño de conformistas burocratizados de la vida del cual no volverán a salir. Al adolescente no se le permite ser él mismo y, por otra parte, la gran mayoría ni siquiera lo intenta. Prefiere depender y ser alimentado, obtener ideas ajenas y pensamientos ya elaborados. La minoría, la que verdaderamente propugna por un cambio es, tal vez, la que posee el carácter revolucionario, entendiéndose por éste, no las violentas manifestaciones de protesta por cualquier cosa, no el adherirse a patrones e ideas establecidas por otros, no a dejarse arrastrar por manipuladores, sino animarse a soltar los vínculos de la sangre y el suelo, así sean familiares o de lealtad a clase, raza o partido.

Estamos hablando de una etapa de aprendizaje y desarrollo que la mayoría de las veces es bloqueada terminantemente, en la mayoría de los casos por los propios padres, que creen saber qué es lo que más le conviene al hijo o hija y quieren planificar su vida. La mayoría de los jóvenes no se atreve a contrariar a sus padres, el que sí se atreve, aquel que expresa su inconformidad con el mundo y la sociedad en que le ha tocado vivir, es tomado como anómalo. Crea situaciones conflictivas, que a veces llevan a condiciones de caos en el seno de la familia. Se siente incomprendido y lo es. Los padres sienten que no pueden controlar la vida del adolescente, que éste ha dejado de ser niño y que crece para convertirse en el rebelde que los reta. Otras veces intenta situaciones que le sean favorables, aparenta seguir con las condiciones y autoridad que los padres le plantean, pero fuera de su esfera hace lo que desea, se maneja en una situación ambivalente entre la rebeldía y la sumisión. Ser ambivalente le produce sentimientos de culpa, al igual que la rebeldía abierta, ya que en nuestro medio, generalmente, la madre ha sido tan buena, tan admirada, tan sufrida, que no se puede luchar contra ella. Por otro lado, el padre es tan lejano emocional y físicamente, que casi podríamos decir que a veces es el bulto presente en el fin de semana, tan cansado que sólo piensa en su descanso personal o pretende dar en un solo día lo que no dio en toda la semana. Los padres y madres que no se comunican con el joven, que pretenden ser padres sin serlo realmente, producen grandes frustraciones.

El joven tiene que encontrar una trayectoria propia, la cual puede ser adecuada o no, pero que sí es necesaria en tanto que tiende a definir su postura existencial. Tiende a ser competitivo, a ser igual y al mismo tiempo diferente. Su fantasía, para desesperación del adulto, es muy grande, suple en ella lo que no puede manejar en la realidad y muchas veces lo lleva a la mentira, pues trata que otros se enteren de sus sueños como de una realidad, en ellos es el héroe o la víctima de muchas otras. Sus sueños son importantes, al grado de que una buena parte del día la pasa soñando. Cuando está abstraído en sus pensamientos no desea ser molestado. Aunque parezca paradójico, despierta en sus sueños, se forja en ellos la idea de lo que quiere ser en la vida. Esto constituye una crisis que puede ser el punto de partida de un sano desarrollo emocional o de un desquiciamiento de todos los valores y de la existencia. El joven tiene que aprender a conjugar sus sueños con la realidad, a trasladarse paulatinamente del mundo del niño al mundo del adulto. Ello constituye una tarea ardua, todavía es un proyecto en realización del cual surgirá el individuo futuro. Pero esta tarea la tiene que llevar a cabo por sí mismo. Los padres, por más que quieran lo mejor para él, deben dejarlo y respetarlo. Tiene que crecer, tiene que experimentar la vida, vivir plenamente. Esto lo puede llevar a tener experiencias que muchas veces no le son favorables, sobre todo afectivas, que pueden conducirle a la realización o a la destructividad.

El joven busca afanosamente la compañía de quienes sienten y piensan como él. Al mismo tiempo, se siente solo, teme que no se le ame, teme las situaciones homosexuales y, si las vive, lo hace con una gran culpa que en la mayoría de los casos aflora posteriormente. La niña se une también, es la época de la amiga íntima de quien siente apoyo completo para su realización, con la que constata todos sus pensamientos, deseos, ensueños y realidades.

La adolescencia constituye la posibilidad de constatar la realidad, de experimentar por cuenta propia la vida, de integrar la personalidad futura y de desprenderse de cordones umbilicales, emocionales y sociales que aún le atan. Tal vez sea ésta la condición más difícil, ya que necesita, tanto por biología como por condición emocional social, romper con los parámetros establecidos en la infancia y luchar por su individuación e independencia. La independencia que busca se ve frustrada socialmente por lo menos en el medio urbano, en el cual el joven tiene que mantenerse económicamente vinculado porque es la etapa de iniciar una carrera y no puede sostenerse económicamente. Es apto para procrear, pero debe contentarse con la masturbación o las relaciones sexuales a escondidas. Depende también del aporte económico de sus padres para llevar a cabo su vida social.

Muchos padres piensan que aún debe protegerse al adolescente, determinando para él un sistema de vida que sin duda lo protege, pero en nada ayuda a su desarrollo y crecimiento. Los padres sobreprotectores suelen ser destructivos en la inicial tendencia de crecimiento del adolescente. Él debe vivir, experimentarse a sí mismo y aprender a través del ensayo y del error. Pero ingresa a un mundo raro que no siempre, menos en la actualidad, es benéfico para sus intereses. Tiene que salir de lo establecido y recorrer su propio sendero. Tal vez retorne, tal vez no, pero tiene que hacerlo. La tarea de los padres es dejarlo ir.

La angustia de vivir no cesa en ningún ser humano pero, en la adolescencia, adquiere características importantes. También padece la angustia de ingresar al mundo, de adquirir un lugar, de dejar el pasado, de entrar en el presente y de proyectar su futuro, angustia de no llenar los cánones, de ser libre y de pertenecer. Junto con esta angustia vital, se engendran otras: la de las soledades, la de la cultura y la de la vergüenza. Crecer, simplemente crecer, es una fuente de angustia. Romper con las normas establecidas, dejar atrás totalmente la niñez y enfrentar la responsabilidad de la propia vida es difícil, pero lo es aún más cuando el joven se topa con su familia como principal obstáculo. Los padres consideran que lo realizado y establecido es el mejor sistema de vida y tratan de encuadrar al adolescente en moldes hechos. A su vez el joven se da cuenta de que su deseo de realizarse es contradictorio con lo establecido, que su proyección del futuro se ve bloqueada por hechos ancestrales, que su deseo de vida causa risa, que es atacado y hasta humillado cuando expone sus valores incipientes.

Hoy en día se trata al adolescente como un ser incapaz de subsistir por sí mismo. La experimentación activa siempre ha sido parte vital del desarrollo y utilización de la inteligencia; la creación de nuevos métodos y sistemas para desechar lo anacrónico y el diseño de un estilo de vida diferente son elementos en manos de los jóvenes. Más que criticarlos debemos comprenderlos; más que rechazar, escuchar; más que antagonizar, permitir; más que cuestionar, respetar. Aceptar al adolescente implica propiciar el desarrollo de sus potencialidades, dándole un buen bagaje para enfrentarse a la vida. Cuando los padres están tratando de moldear al joven de acuerdo con su modo de pensar, de sentir y vivir, se están constituyendo en la barrera que impide la enorme trascendencia entre ser y dejarse ser.

Un síntoma emocional es la señal de que algo está sucediendo. Es la llamada que no puede expresarse en otra forma y que es necesario atender si queremos llevar a cabo un proceso de curación. La sintomatología emocional en esta edad es variable, pero debe distinguirse entre lo real y lo creado por los adultos. Muchos padres llaman al programa de radio para exponer problemas que no lo son en realidad, como el hecho de que el adolescente no acepta las normas impuestas. Frecuentemente los jóvenes son llevados al médico para que éste se constituya en la autoridad que determine, de acuerdo con el criterio de los adultos, las normas de vida para el joven. Quieren volverlo accesible, quitarle la rebeldía, acoplarlo a sus normas e inducirlo al molde deseado. En estos casos quienes requieren orientación son los padres.

Los síntomas de una personalidad vulnerable normalmente siguen su curso desde la infancia, pero a veces se presentan en forma súbita en la adolescencia. Los trastornos de conducta como rebeldía, irritabilidad, agresividad leve, negación, desobediencia, bajo desempeño escolar, pérdida de buenos hábitos alimenticios o de higiene, nerviosismo, etc., pueden ser sólo manifestaciones de los múltiples cambios en la adolescencia, que si bien requieren de orientación no constituyen un serio o grave problema. Muchas veces se refieren a una protesta real ante una situación generalmente restrictiva. Los padres, en sus tentativas de que el joven sea como ellos quieren, exageran ante el médico las situaciones y, si éste no les da gusto, van de médico en médico hasta que encuentran alguno que esté de acuerdo con ellos y acceda a sus pretensiones. En este caso el adolescente tendrá un adulto más que enfrentar. En vez de abrir una puerta para que canalice sus problemas personales y de relación, se le pone una barrera más.

El joven que en el transcurso de su vida se ha visto privado de los marcos de referencia naturales de seguridad, autoridad y afecto, tendrá un desconcierto mayor a esta edad y ello se revelará en su sintomatología. Un hecho muy real es la utilización de drogas, que va desde fumar marihuana hasta tomar pastillas de diversa índole, a veces acompañadas de alcohol y otras sustancias.

El adolescente, la mayoría de las veces, prueba las drogas invitado por otros, para ver qué se siente, por conseguir su integración a un grupo, porque todos lo hacen o por encontrar solución a su angustia. Algunos argumentan que lo hacen para encontrar la verdad, porque pueden, según ellos, pensar mejor y ver más claramente sus problemas. Hay los que han probado la droga y la desechan, y los que se convierten en fármacodependientes porque ya traían una predisposición genética. Algunos se embarcan en una especie de suicidio paulatino al que se lanzan muchas veces ante la imposibilidad de promover cambios que les sean favorables, pero que, por otra parte, también han sido inducidos por aquellos que han logrado llegar a una especie de meta, como son los artistas y cantantes que confiesan abiertamente que, a través de las drogas, han logrado llegar adonde están.

En el desarrollo emocional del adolescente debe existir la mano abierta y no sujetante del adulto, la disposición a marchar juntos, la posibilidad de destruir para crear. Más que reprimir al adolescente es necesario entenderlo, comprender sus luchas, participar de ellas en la medida de no ser obstáculo para determinar junto con ellos un mundo más humano, más pleno, menos ficticio y enajenante, un mundo donde exista la posibilidad real de vivir.

El adolescente necesita que se le ame en el sentido no de una ayuda que lo invalide sino de una lucha que lo apoye. Entender que debe cambiar, debe trascender las formas obsoletas del mundo en el que vive que, si bien fue bueno para los padres, no lo es para él. Cada joven es una potencia viva, cambiante, plástica, vulnerable, es la materia a trabajar para el futuro. Sus búsquedas, sus intereses, su educación, sus metas, su patología, no sólo son de su interés, sino también de quienes convivimos con ellos.

La sociedad manifiesta su salud o conflictos a través de sus jóvenes. Ese aparente vagar del adolescente de un grupo a otro, las huidas del hogar para vivir en comunas, la experimentación con drogas, finalmente constituyen el mensaje de que algo debe cambiar. Los adolescentes que de niños contaron con un modelo sólido en su hogar, se verán menos afectados por influencias externas.

Testimonio de una joven de 25 años

En un principio fue la depresión. Mucho antes de la anorexia, mi depresión desde los siete años (que es la edad que ya recuerdo con firmeza) estaba instalada con todos sus síntomas: inseguridad, miedos constantes y absurdos, falta de concentración, silencios prolongados, aislamiento… y todo resultaba infelizmente en una niña perfectamente bien portada.

Mis padres, dos personas cuya adoración era yo, pero en espera de más hijos… un conflicto que duró años y años porque los hijos del vientre de mi madre nunca llegaron. Quince años de esperar a mis hermanos me hicieron sentir insuficiente, y habiendo copiado el perfeccionismo de mi madre y el sentido de responsabilidad de mi padre, me di a la tarea de cargar a mis espaldas el peso de los miembros de la familia que estaban en el porvenir. Mis padres son exigentes y yo soy depresiva y culpígena: he ahí el germen de la enfermedad. Toda exigencia la interpreté como insuficiencia, todo rapto de mal humor lo ajusté a mi imperfección. Me hice la depositaria de las culpas copiando el patrón de mi padre con su madre y seguramente de ésta con los suyos y así hasta el infinito.

El enojo y la culpa mantienen mi depresión desde siempre. Eso y una mala broma que la genética me jugó. De mi padre aprendí a ser ansiosa, de mi madre, sumisa a escondidas. Es muy difícil entender en el corazón que un padre puede hacer daño con todo el amor del mundo. Mi padre nunca entenderá cómo me hizo adulta desde pequeña, cómo por cuidarme de que no cayera en los errores de sus hermanas no me dejó probar nada por mí misma y me solucionó absolutamente todo, planificó cada minuto de mi vida hasta el día en que me tocó ser adulta. Ese día yo no sabía hacer nada sola y quise regresar a ser niña, a que me dieran de comer en la boca.

A los 19 años, cargando ya quién sabe cuántos años de depresión y presión familiar, empecé a hacer una dieta y sin darme cuenta me encontré volcando en la comida el control que nunca había sentido sobre mí misma. De repente el espacio que dejaba de ocupar mi cuerpo empezó a ser un amortiguador a los conflictos familiares, todo el conflicto se centró no en mí sino en mi "no comer". Apenas unos 30 kilos, pero tenía un lugar preponderante en la familia.

Mis cuatro años de anorexia tuvieron beneficios secundarios que por primera vez me hacían sentir (irónicamente) fuerte. Primero, era un modo de hacer manifiesto lo que yo sentía que mi padre había hecho conmigo toda mi vida: anularme. Era una venganza callada, inconsciente, donde yo sentía que les regresaba lo que ellos nunca habían tenido el tiempo de ver: mi verdadero ser. De paso, hacía desaparecer mi sexualidad femenina que había sido un asunto tan incómodo en el mundo familiar y había causado tantos problemas. Por otro lado, contener a tal grado mi hambre mostraba ante el mundo mi voluntad y mi capacidad desmedida de trabajo, tan admiradas por mis padres.

Estos beneficios son contradictorios, ya que mientras el desaparecer el cuerpo es un acto de profunda rabia contra mi padre y prácticamente mi intención era dejarlo sin hija, masculinizar mi cuerpo era un acto que en mi mente enferma trataba de complacerlo. Es decir, ya que yo estaba convencida de que mi padre, de haber optado por un solo hijo, hubiera escogido un varón, mi masculinización era el intento de que mi cuerpo supliera su carencia y lograra esa felicidad que tantos años había buscado en desgastantes tratamientos de fertilidad que nunca consiguieron que mi madre se embarazara y que les trajeron mucho sufrimiento como pareja.

En mi adolescencia ya resentía que mi padre dijera que "confiaba" en mí solamente porque yo sacaba excelentes calificaciones, cuando en realidad ni siquiera me conocía. Yo sentía que mis padres me habían dado muy poco tiempo en mi infancia, mi padre trabajaba demasiado, llegaba muy tarde en la noche y cuando de vez en cuando venía a comer actuaba justo como lo que era: un gran empresario. Mi madre nunca trabajó en las tardes, pero por alguna razón no tengo ningún recuerdo de alguna plática con ella. Me acuerdo de que me llevaba a todas mis clases de las tardes, porque no había tarde que tuviera libre, pero nunca supo el nombre de un solo compañero mío de la escuela. Los recuerdo distantes y poco involucrados. Me recuerdo en los pasillos de la escuela sintiéndome vulnerable e insegura. Me percibo en ese recuerdo profundamente sola, sabiendo que no podía llamar a nadie porque desde mi soledad imaginaba a mis padres en unos escritorios enormes llenos de llamadas y de papeles con juntas y juntas de trabajo pendientes en el porvenir.

Recuerdo en mi infancia unos cuantos intentos de expresar mi soledad y mi tristeza. Quizá sonaron como caprichos. Quizá nunca notaron que era una niña a la que le gustaba enfermarse. Sé que nunca notaron (eso sí sé que nunca lo notaron porque no estaban ahí, pues me dejaban con mi abuela cuando salían de viaje) que yo tomaba de las pastillas de mi abuela nada más para probar a ver qué me pasaba… Sé que nunca notaron que era una niña con depresión porque es difícil, sobre todo cuando sobresale en la escuela y hace lo que hacen los niños, es decir, pegarse a la televisión o a los libros (bueno, eso no lo hacen los niños). Quizá no notaron que yo era sobradamente dócil, excepto cuando alguna tarea se me olvidaba, excepto en los primeros días de escuela, en los ambientes que no me eran familiares. Quizá nunca notaron lo excesivamente tímida y antisocial que era, lo extremadamente aprensiva, nerviosa, obsesivamente enclaustrada en mi casa, *enfermizamente* cumplida…

Deshacer mi cuerpo también fue declararme independiente de mi perfeccionismo y hacerme esclava de éste simultáneamente. Mi padre siempre odió a las gordas porque según él no tenían voluntad. La madre de mi padre fue una mujer alcohólica y comedora compulsiva, su rechazo a la gordura no es gratuito. Mis ganas de complacerlo, involuntarias. Desaparecer mi cuerpo también me daba el derecho de poder permanecer en mi casa sin que nadie me dijera nada. Como en mi infancia, podía seguir siendo antisocial: nadie quería acercarse a mí. La anorexia me permitía perpetuar mi modo de depresión infantil, era un autosabotaje que me hacía sentir segura, que me permitía tener a mis padres a mis pies, mientras los lastimaba… todo como castigo por no haberse dado cuenta de lo que yo había sufrido.

Aún hoy en día, ya recuperada de la anorexia y luchando a diario con mi verdadera enfermedad, que es la depresión, lo que más me duele no es acordarme del frío, ni de mis huesos ni del hambre que sentía; no me duele pensar por qué lo hice o por qué traté de suicidarme tantas veces, sino cuando mi esposo o mi madre y sí, mi inmencionable padre que adoro, creen que no me puedo levantar de la cama por floja y que no pago la renta por desidiosa; cuando no pueden comprender que estar o no en depresión profunda, moverse o no, no es un asunto de voluntad. Me duele cuando creen que me gusta vivir con mi enfermedad.

11. Centros de ayuda en México

Módulo Ciudadano para la Orientación en Salud y Derechos Sexuales y Reproductivos
Red por la Salud de las Mujeres en el D. F.
Centro de Salud Dr. Manuel Márquez Escobedo
Joaquín Pardavé 10
Col. Hogar y Redención
Del. Álvaro Obregón
México, D. F.
Programa de atención y canalización de quejas y denuncias.
Tel.: 5539 4484

Asociación para el Desarrollo Integral de Personas Violadas, A. C. (ADIVAC)
Pitágoras 842
Col. Narvarte
Del. Benito Juárez
México, D. F.
Tel.: 5682 7969
Fax: 5543 4700

Centro Integral de Apoyo a la Mujer (CIAM)
Secretaría de Gobierno de la Ciudad de México
Centros Integrales de Apoyo a la Mujer:

Azcapotzalco
Deportivo Reynosa
Calz. San Pablo y Eje 5 Norte
Col. Reynosa Tamaulipas
Tel.: 5319 9873

Cuajimalpa de Morelos
Av. Veracruz 130, entre Lerdo y José María Castorena
Col. Cuajimalpa Centro
Tel.: 5812 1414

Gustavo A. Madero
Av. Fray Juan de Zumárraga s/n, esq. Aquiles Serdán (Planta alta del mercado Ma. Esther Zuno de Echeverría)
Col. Villa Aragón
Tels.: 5781 0242 y 5781 4339

Iztacalco
Benito Juárez 2, esq. San Miguel
Col. Barrio La Asunción (a una cuadra de La Viga)
Tel.: 5633 9999

Miguel Hidalgo
Av. Parque Lira 128
Col. Ampliación Daniel Garza (junto al Museo Casa de la Bola)
Tels.: 5272 7966, 5515 1739 y 5516 3973

Milpa Alta
Av. Constitución esq. Yucatán (a un lado de la delegación)
Col. Centro Villa Milpa Alta

Tláhuac
Margarita s/n, entre Geranio y Jacaranda (junto a LICONSA)
Col. Quiahuatla

Tlalpan
Carretera Federal a Cuernavaca 2 (frente al Monumento al Caminero)
Col. La Joya
Tel.: 5573 2196

Venustiano Carranza
Prolongación Lucas Alamán 11, 1er. piso (frente al Parque de los Periodistas)

Col. Del Parque
Tel.: 5764 2367

Xochimilco
Francisco I. Madero 11 (a un lado del Centro
Guadalupe I. Ramírez)
Col. Barrio El Rosario Xochimilco
Tels. : 5675 1188 y 5676 9612

Centros de Atención a la Violencia Intrafamiliar de la PGJDF (CAVI):

Dr. Carmona y Valle 54, 1er. piso, Col. Doctores
Atención de lunes a viernes
de las 9 a las 20 horas
Tels.: 5242 6246, 5242 6247 y 5242 6248

Fray Servando Teresa de Mier 32, 1er. piso
Col. Centro
Atención sábados, domingos y días festivos
de las 9 a las 20 horas
Tels.: 5625 9632, 5625 9633 y 5625 9635

Direcciones de Unidad de Atención a la Víctima Familiar (Uavif):

Azcapotzalco
Unidad Habitacional El Rosario esq. con
Geología y Herreros
Tel.: 5319 6550

Cuajimalpa
Castillo Ledón y Cda. De Ramírez s/n
Tel.: 5812 2521

Gustavo A. Madero
Mercado María Esther Zuno de Echeverría,
1er. piso
Paseo Zumárraga (entre Aquiles Serdán y
Miranda)
Tel.: 5781 9626

Benito Juárez
Eje 5 Sur
Ramos Millán 95, Planta Baja
Col. Héroes de Chapultepec
Tel.: 5590 4817

Iztacalco
"Fortaleza", Oriente 116 (entre Juan
Carbonero y Gral. Ramos Millán)

Sur 177, Col. La Cuchilla
Tel.: 5654 4498

Iztapalapa
Corazón de la Supermanzana 6, 1er. piso
Zona Comercial
Unidad Habitacional "Vicente Guerrero"

Magdalena Contreras
Centro de Barrio "Héroes de Padierna"
Calle Oaxaca s/n, 1er. piso
(entre Veracruz y Sonora)
Tel.: 5652 1986

Tlalpan
"La Casa Blanca", Carretera Federal a
Cuernavaca 2, planta baja
Tel.: 5513 9835

Venustiano Carranza
Lucas Alamán 11, 1er. piso
Col. Del Parque
Tel. 5768 0043 y 5552 7316

Xochimilco
Calle Dalia s/n, Barrio San Cristóbal,
Xochimilco
Edificio de La Plaza de San Cristóbal
Tel.: 5675 8270

Instituto Latinoamericano de Estudios de la Familia (ILEF)
Av. México 191 (entre Viena y Madrid)
Col. Del Carmen Coyoacán
México, D. F.
Tels.: 5659 0504 y 5554 5611
Cuotas según estudio socioeconómico
Horarios: según la disponibilidad del
terapeuta y la familia
Servicios: terapias individuales, familiares y
de pareja

Instituto Personas
Atención psiquiátrica y psicológica para niños, ado-
lescentes y adultos, terapia familiar y de pareja
Capuchinas 10-104
Col. San José Insurgentes
México, D. F.
Tels.: 5615 0173 y 5611 5520
Cuotas según estudio socioeconómico

Centro de Atención a la Violencia Intrafamiliar (CAVI)
Dr. Carmona y Valle 54, piso 20
Col. Doctores
México, D. F.
Tel.: 5242 6246
Servicio gratuito
Horarios: de las 9 a las 20 horas
Servicios: trabajo social, asesoría legal, psicológica y médica

Centro Mexicano de Atención a la Violencia Intrafamiliar y Sexual (Cemavise)
Andrea del Sarto 2
Col. Nonoalco Mixcoac
México, D. F.
Tels.: 5547 5350 y 5547 6127
Cuotas: donativos
Horarios: de las 9 a las 21 horas, de lunes a viernes
Servicios: asesoría psicológica, jurídica, social y pedagógica, atención a víctimas de violencia individual, de pareja, familiar y de grupo

Grupo Familias Al-Anon
Oficinas Centrales
Río Guadalquivir 83, piso 20
Col. Cuauhtémoc
México, D. F.
Tels.: 5208 2170 y 5208 3070
Cuotas: bajas
Horario: de las 18 a las 20 horas, lunes, jueves y viernes
Servicios: grupos de autoayuda para familiares de personas que padecen alcoholismo

Asociación Mexicana de Psicoterapia Analítica de Grupo (AMPAG)
General Molinos del Campo 64, esquina con Ignacio Esteba (a dos cuadras del metro Constituyentes)
Col. San Miguel Chapultepec
México, D. F.
Tels.: 5515 1041 y 5273 7401
Fax: 5516 7885
Cuota: 50 pesos por persona, valoración previa
Horarios: de las 8 a las 20 horas, 10:30 con cita para valoraciones
Servicios: psicoterapia psicoanalítica individual, familiar o grupal

Salud Integral para la Mujer (Sipam)
Vista Hermosa 95 bis (cerca del metro Ermita)
Col. Portales
México, D. F.
Tels.: 5539 9674, 5539 9675 y 5539 9693
Cuotas según el servicio
Horarios: de las 10 a las 17 horas, de lunes a viernes
(cita previa para ginecología)
Servicios: asesoría legal y atención psicológica

Centro de Apoyo a Mujeres Trabajadoras
Coatapec 1, interior 4
Col. Roma
México, D. F.
Tels.: 5574 6215, 5264 6951 y 5559 4752
Cuotas según estudio socioeconómico
Horarios: de las 11 a las 18 horas (previa cita)
Servicios: asesoría legal y atención psicológica

Centro de Apoyo a la Mujer "Margarita Magón"
Dr. Navarro, esq. con Dr. Lucio
Edificio Centauro, depto. 204
Col. Doctores
México, D. F.
Tel.: 5588 8181
Cuotas: bajas
Horarios: atención psicológica martes y jueves de las 10 a las 19 horas
Servicios: asesoría legal, atención psicológica y médica

Centro de Atención a la Mujer (CAM)
Av. Toltecas 15 (entre Mario Colín y Guerrero)
Col. San Javier Tlanepantla
Estado de México
Tel.: 5565 2266
Servicio gratuito
Servicios: atención psicoterapéutica y médica, asesoría legal, trabajo social y bolsa de trabajo

Centros de Ayuda para la Mujer
Red de Grupos para la Salud de la Mujer y el Niño, A. C. (Regsamuni)
Av. Revolución 1133, depto. 3

229

Col. Mixcoac
México, D. F.
Tel.: 5593 5336
Cuotas según estudio socioeconómico
Horario: de las 9 a las 13 horas, de lunes a
viernes
Servicios: educación en salud, asesoría sobre
sexualidad, nutrición; medicina, herbolaria y
lactancia

Consejo para la Integración de la Mujer (CIM)

Puente de Alvarado 72, 2o. piso
Col. Tabacalera
México, D. F.
Tels.: 5535 5270 y 5535 4422
Cuotas según estudio socioeconómico
Servicios: asesoría psicológica y jurídica

Colectivo de Hombres por Relaciones Igualitarias (Coriac)

Matías Romero 1353, interior 2,
esq. con Tenayuca
(a dos cuadras del metro División del Norte)
Col. Narvarte
México, D. F.
Tel.: 5604 1178 (a partir de las 16 horas)
Fax: 5605 4128
Horarios: de las 19 a las 22 horas; martes:
programa para hombres de las 19 a las 21:30
horas; miércoles: talleres de pareja
Servicios: atención a problemas de violencia
intrafamiliar, grupal e individual

Mejores Familias / Nueva Vida, A. C.

Organización que promueve y fomenta la
adopción
Carolina 98, desp. 202
Col. Nápoles
México, D. F.
Tel. y fax: 5615 9695 y 5615 9697

Liga de Intervención Nutricional Contra Autismo e Hiperactividad, A. C. (LINCA)

Duraznos 22
Col. del Valle
México, D. F.
Tel. y fax: 5575 8130

EN LOS ESTADOS

Cabe señalar que en los estados de la
República Mexicana donde exista el servicio
telefónico LOCATEL, éste puede asesorar
acerca de los centros de atención más
cercanos de la localidad.

BAJA CALIFORNIA

Coordinación de Programas e Investigación Grupo Feminista Alaide Foppa, A. C.

Río Santa María 3651
Frac. Bugambilias
Mexicali, B. C.
Tels.: 611 392 y 617 962

CHIAPAS

Grupo de Mujeres de San Cristóbal de las Casas

Calle Rivera esq. con Surinam
Barrio de Tlaxcala
San Cristóbal de las Casas, Chiapas
Tels.: 84 304, 86 528 y 85 670

CHIHUAHUA

Casa Amiga / Centro de Crisis

Perú Norte 878
Ciudad Juárez, Chihuahua
Tel.: 615 3850

Centro de Atención a la Mujer Trabajadora

Av. Águilas y G. Washington
Col. Colinas del Sur
Chihuahua, Chihuahua
Tel.: 213 808

ESTADO DE MÉXICO

Centro de Atención a la Violencia Intrafamiliar y Sexual

San Pedro Chimalhuacán
Tel.: 5852 4021

Ecatepec de Morelos
Tel.: 5882 4555

Tlanepantla
Tel.: 5565 3607

Naucalpan
Tels.: 5560 5441 y 5576 3612

San Juan Izhuatepec
Tel.: 5714 5898

Nezahualcóyotl
Tel.: 5742 5414

Texcoco
Tel.: 472 25

Toluca
Centro de Atención a la Violencia
Intrafamiliar y Sexual
Tels.: 150 388 y 148 344

Jalisco
Fundación CENAVID, Institución de
Asistencia Privada (IAP)
Centro de Resolución de Conflictos
Hidalgo 2375-2a
Guadalajara, Jalisco
Tel.: 615 3882

Nuevo León
Centro de Atención a Víctimas de Delitos
(Cavide), unidad desconcentrada de la
Secretaría General de Gobierno
Jardín de San Jerónimo 111
Col. San Jerónimo
Monterrey, Nuevo León
Tel.: 348 2318
Línea de emergencia: 333 1050

Veracruz
Colectivo Feminista de Xalapa, A. C.
Av. Mártires 28 de Agosto 430
Col. Ferrer Guardia
Xalapa, Veracruz
Tel.: 143 108

12. Bibliografía

Bernal, Alfonso. *Errores en la crianza de los hijos*, Ediciones El Caballito, México.

Comfort, Alex y Jane. *El adolescente,* Blume, España.

Corkille Briggs, Dorothy. *El niño feliz, su clave psicológica*, Doubleday Comp., Nueva York, 1970.

Dolto, Françoise. *¿Niños agresivos o niños agredidos?*, Paidós, México.

Folch y Camarasa, Luis, Luis Folch y Soler y Jordi Folch y Soler. *Educar a los hijos cada día es más difícil*, Ediciones Octaedro, España.

Forward, Susan y Craig Buck. *Toxic Parents*, Bantam Books, Nueva York.

Jóvenes AA 24 horas. *Somos jóvenes.*

Lammoglia, Ernesto. *El abuso sexual en la infancia*, Editorial Grijalbo, México, 1999.

____. *Las familias alcohólicas*, Editorial Grijalbo, México, 2000.

Montessori, María. *La mente absorbente del niño*, Editorial Diana, México.

Morrison, Andrew R. y Loreto Biehi María. *El costo del silencio*, Banco Interamericano de Desarrollo, 1999.

Rodríguez, Pepe. *¿Qué hacemos mal con nuestros hijos?*, Editorial Trillas, España.

Sahagún, Fray Bernardino de. *Historia general de las cosas de la Nueva España*, Editorial Porrúa, México, 1989.

Singer Kaplan, Helen. *Experiencias sexuales traumáticas tempranas*, Alianza Editorial, 1974.

El daño que hacemos a nuestros hijos
de Dr. Ernesto Lammoglia
se terminó de imprimir en junio de 2005 en
Impresora Titas, S.A. de C.V.
Venado N° 104, Col. Los Olivos
México, D. F.